NOTRE

L'Histoire du Hockey au Canada

SPORT

TEXTE: Dave Stubbs

ILLUSTRATIONS: Neal Portnoy

Les Éditions Homard

Humblement, je dédie cet ouvrage à trois joueurs légendaires de la LNH: Jean Béliveau, Elmer Lach, et Dickie Moore. Déjà vedettes avant ma naissance, ils sont devenus mes héros, puis mes amis bien des années plus tard. Aux regrettés Gerry McNeil, Kenny Mosdell, et Bernie Geoffrion, champions de la coupe Stanley, qui m'ont raconté avec beaucoup de générosité leurs histoires passionnantes sur le hockey des années 1950. À mon ami Sheldon Souray, défenseur vedette de la LNH. Par son parcours depuis les matches improvisés sur un lac gelé jusqu'aux arénas de la ligue nationale, il est la preuve vivante que tous les jeunes Canadiens peuvent réaliser leurs rêves de hockey. Enfin, à ma femme, Kathy. Je n'aurais pas pu écrire ce livre sans son soutien — et son expresso.

– Dave Stubbs

J'ai consacré toute ma vie d'adulte aux sports, aux arts et aux œuvres de bienfaisance pour les enfants. Mes parents ont encouragé ma passion pour les sports et les arts, et m'ont montré l'importance de rendre à la communauté ce qu'elle nous a donné. Avec les années, j'ai appris que la seule façon d'améliorer les aptitudes que l'on possède à la naissance, est de s'exercer et de s'entraîner, inlassablement. Je dédie ce livre à nos jeunes, à tous ceux qui ont un rêve, qui vivent ce rêve et qui transmettent les leçons que nous envoie la vie, faisant ainsi du monde un endroit meilleur.

– Neal Portnoy

À Jacques, mon précieux compagnon, mon premier lecteur et mon conseiller spécial en hockey.

– Marie-Josée Brière

Notre Sport: L'Histoire du Hockey au Canada
Texte © 2006 Dave Stubbs
Illustrations © 2006 Neal Portnoy

Publié par Les Éditions Homard Ltée
1620, rue Sherbrooke ouest, bureaux C & D
Montréal (Québec) H3H 1C9
Tél. : (514) 904-1100 • Téléc. : (514)904-1101 • www.editionshomard.com

Édition et Rédaction: Alison Fripp & Meghan Nolan
Assistante à la Rédaction: Molly Armstrong
Traduction: Marie-Josée Brière
Conception graphique: Glenn Mielke
Chef de la production: Tammy Desnoyers
Révision-correction: Marie Brusselmans

Nous reconnaissons l'aide financière du gouvernement du Canada par l'entremise du programme d'aide au développement de l'industrie de l'édition (PADIÉ) pour nos activités d'édition.

The Canada Council | Le Conseil des Arts
for the Arts | du Canada

Aide financière du Conseil des Arts du Canada et du ministère du Patrimoine canadien par l'entremise du Programme d'aide au développement de l'industrie de l'édition.

Société de développement des entreprises culturelles

Québec

Gouvernement du Québec – Programme de crédit d'impôt pour l'édition de livres – Gestion SODEC

Catalogage avant publication de Bibliothèque et Archives Canada

Stubbs, Dave, 1957-
    Notre sport : l'histoire du hockey au Canada / Dave Stubbs ; illustrations, Neal Portnoy.

Publ. aussi en anglais sous le titre: Our game.
ISBN-13: 978-2-922435-11-5
ISBN-10: 2-922435-11-3

    1. Hockey--Canada--Histoire--Ouvrages pour la jeunesse.
I. Portnoy, Neal, 1953- II. Titre.

GV848.4.C3S8814 2006   j796.962'0971   C2006-901901-0

Imprimé et relié au Canada.

Illustration de couverture, de gauche à droite et de haut en bas: les vedettes de la LNH Wayne Gretzky, Sydney Crosby, et Maurice (Rocket) Richard.

INTRODUCTION

Bien des années ont passé depuis l'invention du hockey, et nous pouvons véritablement affirmer aujourd'hui que ce sport reflète de nombreux aspects de notre identité canadienne. Les hockeyeurs sont des gens forts, déterminés, habiles et toujours prêts à relever des défis. Un bon nombre de nos joueurs se classent parmi les meilleurs au monde dans le sport qu'ils ont choisi de pratiquer.

Le hockey nous occupe toute l'année, comme spectateurs ou comme joueurs, dans des ligues organisées, sur des patinoires communautaires ou aménagées derrière nos maisons, bien après la tombée de la nuit dans les rues de nos quartiers, couvertes de neige en hiver ou de feuilles colorées à l'automne.

Les hockeyeurs amateurs, garçons et filles (souvent dans la même équipe), sont nombreux. Vous les verrez dans toutes les arénas du pays — les terrains de stationnement sont pleins le samedi matin —, et vous apercevrez aussi les papas et les mamans transportant de gros sacs d'équipement et se réunissant ensuite dans les gradins pour acclamer leurs fils et leurs filles tout en se réchauffant avec un café.

Hayley Wickenheiser, vedette de l'équipe féminine canadienne.
HOCKEY CANADA

La super vedette des Calgary Flames Jarome Iginla.
NHL

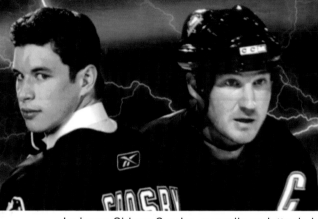

Le jeune Sidney Crosby, nouvelle vedette de la LNH (à gauche), et Mario Lemieux, membre du Temple de la renommée du hockey.
PENGUINS DE PITTSBURGH

Un Mot de l'Auteur

Comme le chemin de fer transcontinental Canadien Pacifique, dont le fil d'acier a aidé à relier les habitants de notre pays dans les années 1880, le hockey nous rassemble tous avec un bâton et une rondelle.

Ce sport ne connaît pas de frontières chez nous. Bien qu'il ait d'abord planté ses racines dans l'est du pays, il a vite gagné la faveur des amateurs et des joueurs de l'ouest. Aujourd'hui, le hockey jouit d'une immense popularité d'un bout à l'autre du Canada.

Nous allons explorer dans ces pages l'histoire de notre sport d'hiver national, de l'Est à l'Ouest et du Sud au Nord. Chaque ville, chaque village du Canada a écrit son propre chapitre de cette histoire. Pour chaque récit que vous trouverez ici, il y en a des dizaines d'autres que vous entendrez — ou que vous vivrez — par vous-mêmes.

— Dave Stubbs

Si vous retournez dans ces arénas en fin de soirée, vous y trouverez les joueurs des "ligues du vieux poêle", des hommes de 60 ans — et même plus — qui aiment beaucoup trop le hockey pour y renoncer.

Nous écrivons des chansons, des poèmes et des pièces de théâtre sur le hockey. Nous célébrons ce sport dans des films et dans des livres. Nous le pratiquons sur des étangs et des lacs gelés, vêtus du chandail de notre équipe préférée, en faisant semblant d'être Sidney Crosby, le jeune prodige de la Nouvelle-Écosse repêché par les Penguins de Pittsburgh en qui beaucoup voient la prochaine méga-vedette de la LNH. Ou bien Wayne Gretzky, Jarome Iginla, Mats Sundin, Vincent Lecavalier. Ou peut-être une des vedettes de l'équipe féminine, comme Hayley Wickenheiser, Cassie Campbell ou Kim Saint-Pierre. Ou encore un des joueurs légendaires du bon vieux temps...

Nous remplissons des albums de coupures de journaux et nous collectionnons des cartes de hockey, nous nous exerçons avec des balles de tennis devant nos portes de garage, nous jouons au hockey dans nos jeux vidéo et parfois même dans nos rêves.

Ce sport a vu le jour bien avant l'internet, avant la télévision et même la radio, et a survécu à deux guerres mondiales, à une grippe meurtrière et à la Grande Dépression.

En 1994, notre Parlement a enfin reconnu ce que nous savions tous depuis longtemps: le hockey, c'est le Canada. Avec la Loi sur les sports nationaux du Canada, le Parlement consacrait le hockey comme sport d'hiver officiel de notre pays.

Comme nous, notre gouvernement voit dans le hockey un fil conducteur qui relie l'Atlantique au Pacifique, un sport qui unit tous les Canadiens.

Cette loi nous fait réfléchir à ce sport magnifique et aux nombreuses personnes qui en ont fait ce qu'il est. Elle nous rappelle le hockey de rue et la coupe Stanley, ainsi que les héros que ce sport a connus depuis plus de 100 ans.

Elle nous ramène à une époque révolue, fait renaître les souvenirs de nos parents et de nos grands-parents, et nous incite à nous rendre à la bibliothèque pour en savoir plus long.

La Loi sur les sports nationaux du Canada nous rappelle la place du hockey dans notre culture et dans nos cœurs.

Parce que ce sport fait partie intégrante de la trame de notre culture, l'histoire du hockey est liée à bien des égards à celle du Canada. Son passé glorieux et son avenir prometteur se confondent avec ceux du pays qui l'a vu naître.

Voici l'histoire du hockey au Canada.

Loi sur les Sports nationaux du Canada

1994, ch. 16

[Sanctionnée le 12 mai 1994]

Loi reconnaissant le hockey et la crosse comme les sports nationaux du Canada

Sa Majesté, sur l'avis et avec le consentement du Sénat et de la Chambre des communes du Canada, édicte :

TITRE ABRÉGÉ

1. La présente loi peut être citée sous le titre : Loi sur les sports nationaux du Canada.

LES SPORTS NATIONAUX DU CANADA

2. Le sport communément appelé hockey sur glace est par la présente reconnu et déclaré être le sport national d'hiver du Canada et le sport communément appelé la crosse est par les présentes reconnu et déclaré être le sport national d'été du Canada.

MINISTÈRE DU PATRIMOINE CANADIEN SPORT CANADA

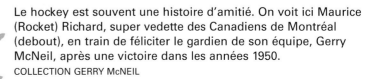
Le hockey est souvent une histoire d'amitié. On voit ici Maurice (Rocket) Richard, super vedette des Canadiens de Montréal (debout), en train de féliciter le gardien de son équipe, Gerry McNeil, après une victoire dans les années 1950.
COLLECTION GERRY McNEIL

1800-1899

Une femme équipée
pour jouer au hockey
dans les années 1800.
HOCKEY: CANADA'S ROYAL
WINTER GAME

L'habillement d'un joueur
dans les premières années du hockey.

Le Hockey en Quelques Chiffres

Le hockey amateur a beaucoup progressé depuis les premiers matches disputés au Canada.

Plus de **4,5 millions** de Canadiens de tous âges — joueurs, entraîneurs, arbitres, administrateurs ou bénévoles — y participent.

C'est l'activité de prédilection de **2 millions** de Canadiens.

1,5 million de matches sont disputés chaque année.

535 000 Canadiens — garçons et filles, hommes et femmes — étaient inscrits comme joueurs en 2004–2005 auprès de Hockey Canada, l'organisme qui supervise le fonctionnement du hockey amateur (ou mineur).

Il y a plus de **3 000** arénas à travers le Canada.

Source: HOCKEYCANADA.CA, 2006

Personne ne sait exactement où est né le hockey au Canada, et c'est pourquoi bien des gens ont leur propre théorie sur ses origines.

Vers 1870, des soldats britanniques en poste au Canada jouaient déjà sur des étangs gelés à quelque chose qui ressemblait au hockey, à Kingston (Ontario) et à Halifax et Dartmouth (Nouvelle-Écosse). À la même époque, à Montréal, des étudiants de l'Université McGill faisaient de même sur une patinoire du centre-ville.

Les habitants de Windsor (Nouvelle-Écosse) et de Deline (Territoires du Nord-Ouest) prétendent avoir des preuves que le hockey est né dans leur ville, citant des documents conservés dans leurs bibliothèques pour appuyer leurs dires.

Mais tout porte à croire que le hockey, sous sa forme la plus courante, a vu le jour à Montréal. Deux équipes, les Canadiens et les Dorchesters, y auraient disputé sur une patinoire, en février 1837, un match de hockey rudimentaire.

Près de 40 ans plus tard, le 3 mars 1875, des étudiants de McGill organisaient, d'après ce que nous savons, le premier "vrai" match de hockey de l'histoire sur la patinoire Victoria, située au centre-ville de Montréal entre les rues Stanley et Drummond, juste au sud de la rue Sainte-Catherine Ouest.

AU FIL DU TEMPS

1867
Avec la Confédération, le Canada devient un pays.

1898
L'aréna de Montréal ouvre ses portes, et le hockey se joue désormais à l'intérieur.

1892
La "Dominion Hockey Challenge Cup" — la coupe Stanley —, fabriquée en Angleterre, arrive au Canada.

1877
Les premières règles du hockey sont publiées.

1879
Les équipes sont réduites de neuf à sept joueurs.

Années 1880
Les matches sont divisés en deux périodes de trente minutes.

Les Règles évoluent

Première photo connue d'un match de hockey en cours, sur le campus de l'Université McGill pendant le carnaval d'hiver de 1884 à Montréal.
ALEX HENDERSON, AVEC LA PERMISSION DU SERVICE DES SPORTS DE McGILL

Première photo connue d'une équipe de hockey en uniforme, l'équipe universitaire de McGill, à la patinoire Crystal Palace de Montréal, le 28 février 1881.
WILLIAM NOTMAN, AVEC LA PERMISSION DU SERVICE DES SPORTS DE McGILL

Ces premiers matches n'avaient toutefois pas grand-chose à voir avec le hockey que nous connaissons aujourd'hui. Premièrement, chaque équipe envoyait huit ou neuf joueurs sur la glace, comparativement à six de nos jours, et deuxièmement, on se servait d'une balle, remplacée plus tard par une rondelle en bois, pour éviter les blessures. Aujourd'hui, la rondelle est faite de caoutchouc rigide vulcanisé, ce qui la rend imperméable.

Des joueurs de McGill ont formé la première équipe officielle en 1877. En appliquant les règles publiées ce jour-là dans le journal *Gazette de Montréal*, ils ont battu par la marque de 2 à 1 les Victorias de Montréal, une formation composée surtout de membres des équipes montréalaises de crosse et de football.

La première ligue officielle d'Amérique du Nord, l'Association de hockey amateur du Canada, a probablement été fondée en 1885 à Kingston (Ontario). Un an après, l'association comprenait des équipes d'Ottawa, de McGill et trois autres équipes de Montréal: la Montreal Amateur Athletic Association, les Crystals et les Victorias.

Tous les joueurs de la ligue étaient des amateurs, qui ne touchaient pas un sou pour les matches qu'ils disputaient.

Le Règlement de 1877 pour le Hockey sur Glace

Le premier règlement de hockey a été publié le 31 janvier 1877 dans la *Gazette de Montréal*.

1. Le match débute et redémarre par une mise au jeu au centre de la glace. Les buts sont changés après chaque but marqué.

2. Lorsqu'un joueur touche la balle, tout joueur de la même équipe qui se trouve alors plus près de la ligne de but de l'adversaire est hors-jeu et ne peut toucher la balle, ni empêcher un autre joueur de le faire, et ce, de quelque façon que ce soit, jusqu'à ce que la balle ait été lancée. Les joueurs doivent toujours demeurer en jeu.

3. Il est possible d'arrêter la balle avec son corps; cependant, celle-ci ne peut être transportée ou propulsée vers l'avant avec aucune partie du corps. Il est interdit de lever son bâton au-dessus des épaules. Il est également interdit de charger un joueur par derrière, de le faire trébucher, de le retenir par le col ou de lui donner des coups de pied ou des coups de bâton sur les tibias.

4. Lorsque l'équipe à l'attaque frappe la balle derrière la ligne de but, la balle doit être avancée de 15 verges (13,71 mètres) en ligne droite. Une mise au jeu doit alors être effectuée. Par contre, si la balle est envoyée derrière le but par l'équipe qui se trouve à sa propre ligne de but, un joueur du camp adverse est autorisé à la frapper à une distance inférieure à une verge (0,914 mètre) du coin le plus proche. À ce moment-là, aucun joueur de l'équipe adverse ne doit se trouver à moins de 20 verges (18,30 mètres) de la ligne de but. De plus, les défenseurs, à l'exception du gardien, doivent se trouver derrière la ligne de leur but.

5. Lorsque la balle dépasse la ligne de côté, un joueur de l'équipe adverse doit la remettre en place sur la patinoire à l'endroit où elle est sortie. La balle n'est pas au jeu tant qu'elle n'a pas touché la glace. De plus, le joueur qui a remis la balle au jeu ne pourra pas y toucher jusqu'à ce qu'un autre joueur l'ait fait, tous les joueurs étant alors derrière la balle.

6. En cas de transgression d'un des règlements énoncés précédemment, la balle doit être rapportée et remise au jeu.

7. Tout différend doit être réglé par les officiels. En cas de désaccord, l'arbitre tranchera.

Infos Rapides

La Coupe Stanley d'Hier à Aujourd'hui

Lord Stanley of Preston, gouverneur général du Canada de 1888 à 1893, qui a fait don de la coupe Stanley au hockey.
BIBLIOTHÈQUE ET ARCHIVES CANADA

La coupe Stanley, d'abord appelée "Dominion Hockey Challenge Cup", est décernée chaque année au champion de la Ligue nationale de hockey. C'est la récompense la plus convoitée dans le monde du hockey professionnel.

Ce trophée a beaucoup changé depuis sa fabrication en Angleterre, en 1892. Ce n'était alors qu'une petite coupe de 19 centimètres de hauteur, 89 centimètres de circonférence et 28,5 centimètres de diamètre. Sa base a été élargie au fil des années afin de pouvoir contenir les noms des joueurs des équipes gagnantes, et la coupe Stanley mesure aujourd'hui près de 90 centimètres de hauteur et pèse 15,6 kilos.

Il n'y a pas de plus grand honneur, pour un joueur de la LNH, que d'y voir son nom inscrit. En général, il faut avoir disputé au moins 41 matches en saison régulière pour avoir droit à ce privilège. Au total, environ 2 300 noms sont gravés sur le col et les 9 bandes d'argent de la coupe.

En fait, il existe aujourd'hui trois coupes Stanley. La coupe originale est exposée en permanence au Temple de la renommée du hockey, à Toronto. Une grande coupe est également remise à l'équipe championne, qui l'emporte avec elle pour diverses activités de promotion, tandis qu'une réplique de cette deuxième coupe est exposée elle aussi au Temple de la renommée quand cette dernière est en déplacement.

Dès 1936, les champions de la coupe Stanley recevaient une médaille pour commémorer leur victoire. Mais depuis la fin des années 1950, on leur remet plutôt une version miniature de la coupe.

Le hockey a vite attiré l'attention d'un amateur prestigieux, lord Stanley of Preston, seizième comte de Derby, sixième gouverneur général du Canada. Lord Stanley raffolait tellement de ce nouveau sport qu'il avait fait aménager une patinoire sur les terrains de Rideau Hall, sa résidence à Ottawa. Au moins trois de ses enfants, sa fille Isobel et deux de ses fils, jouaient avec des équipes d'Ottawa.

En 1892, il a fait fabriquer une coupe d'argent en Angleterre au coût de 10 guinées (48,67 $ en argent canadien). Baptisée "Dominion Hockey Challenge Cup", elle devait être attribuée chaque année à la meilleure équipe d'amateurs du pays.

Ce trophée a été connu presque immédiatement sous le nom de Coupe Stanley. C'est l'équipe de la Montreal Amateur Athletic Association qui a été la première à le remporter, en 1893.

Jusqu'en 1926, n'importe quelle équipe pouvait se battre pour la coupe, souvent avec des résultats ridicules. En 1905, l'équipe championne d'Ottawa, les Silver Seven, a été mise au défi par les Nuggets de Dawson City, au Yukon. Les Nuggets ont parcouru 6 400 kilomètres en 25 jours, en traîneau à chiens jusqu'en Alaska, en bateau jusqu'à Vancouver, puis en train jusqu'à Ottawa, pour perdre finalement la série de deux matches contre

L'auteur Dave Stubbs (à gauche) avec le gardien des Maple Leafs de Toronto, Johnny Bower, et la coupe Stanley en 1993. Le trophée original, appelé "Dominion Hockey Challenge Cup", comprenait seulement la coupe d'argent de 19 centimètres posée sur le trophée moderne qu'on voit sur cette photo.
COLLECTION DE L'AUTEUR

Les femmes pouvaient dissimuler la rondelle sous leurs longues jupes!

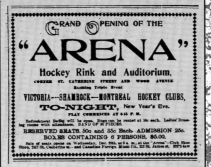

Annonce publiée dans un journal pour inviter les partisans à l'ouverture de la nouvelle aréna à Montréal, et croquis d'artiste montrant les spectateurs en train de regarder le match le 31 décembre 1898.
GAZETTE DE MONTRÉAL

les Silver Seven par la marque de 9 à 2 et de 23 à 2. Frank McGee, d'Ottawa, a marqué 14 buts à lui seul au cours du second match. Les champions de la coupe Stanley étaient couramment appelés ainsi à défendre leur titre plus d'une fois par an, contre toute équipe qui se sentait capable de l'affronter. Mais, à partir de 1912, le tournoi n'a eu lieu qu'une fois par an, à la fin de la saison.

Comme ceux d'aujourd'hui, les champions des premières années étaient acclamés autant par les femmes que par les hommes. Mais, dès les débuts du hockey, les femmes ne se sont pas contentées d'un rôle de spectatrices. Elles ont formé elles aussi leurs propres équipes, dont la première, créée en 1894 à l'Université Queen's de Kingston, portait le nom de Love-Me-Littles.

Deux ans plus tard, il y avait des équipes féminines à l'Université McGill (à Montréal) et dans la vallée de l'Outaouais, et d'autres sont venues s'y ajouter d'un océan à l'autre avant la fin du siècle.

Les femmes avaient d'ailleurs un avantage sur les hommes: elles jouaient vêtues de longues jupes, que les gardiennes de but déployaient devant leur filet pour arrêter les tirs, tandis que les avants y cachaient la rondelle quand elles maniaient le bâton.

Dans les Gradins

Jusqu'à la fin du 19ème siècle, la plupart des matches de hockey se déroulaient à l'extérieur. Mais en 1898, la veille du jour de l'An, l'aréna de Montréal a ouvert ses portes non loin de l'endroit où le célèbre Forum de Montréal allait être inauguré le 29 novembre 1924.

Les billets d'entrée coûtaient 25 cents dans les estrades populaires, ou 50 cents pour un siège réservé. Pour 5 $, vous pouviez disposer d'une élégante loge privée où inviter cinq de vos amis. Si vous aviez froid dans l'aréna, vous pouviez louer — pour 10 cents — une couverture de fourrure assez grande pour réchauffer les jambes de deux personnes. Et puis, les spectateurs n'allaient pas s'acheter des hot dogs et des croustilles entre les périodes, et ils ne buvaient pas de boissons gazeuses ou de la bière comme aujourd'hui. Ils avaient droit plutôt à un buffet de rôti de bœuf.

Le magnifique édifice pouvait accueillir 7 000 spectateurs, trois fois moins que le Centre Bell de Montréal, qui a remplacé le vieux Forum en 1996.

L'aréna, où les deux équipes de Montréal — les Canadiens et les Wanderers — disputaient leurs matches à domicile, a été détruite par les flammes le 2 janvier 1918. Malheureusement, cet incendie a également sonné le glas des Wanderers, qui n'ont plus jamais disputé de match.

Les Canadiens ont joué par la suite à l'aréna Jubilee et à l'aréna Mont-Royal avant de s'installer au Forum, leur port d'attache lorsqu'ils ont remporté 22 de leurs 24 coupes Stanley.

1900-1909

Infos rapides

Le Filet de Hockey

C'est vers le début du 20ème siècle qu'a été inventé un accessoire très simple, qui devait devenir un des éléments les plus utiles au hockey: le filet.

Frank Stocking, un gardien québécois, en avait assez des nombreuses contestations entourant les buts marqués ou non entre deux poteaux plantés dans la glace. Avec son ami Charles Scott, gardien lui aussi, il a donc décidé vers 1900 de tendre un filet entre les poteaux et a fait approuver son nouveau modèle de but pour qu'il puisse être utilisé dans l'Association de hockey amateur du Canada.

Bien que l'invention de Stocking et de Scott ait subi quelques améliorations depuis 100 ans, les filets modernes sont demeurés remarquablement similaires à cette première version. Les joueurs et les spectateurs se réjouissaient de voir que le filet aidait à éviter les contestations, mais les gardiens, eux, ne pourraient plus prétendre qu'une rondelle avait raté le but!

Le gardien de Chicago, Lorne Chabot, devant son filet dans les années 1930. Chabot est né en 1900, l'année où le filet a été inventé.
BIBLIOTHÈQUE ET ARCHIVES CANADA

Les ligues d'amateurs ont continué à se multiplier dans tout le Canada, et les hockeyeurs de l'époque ne songeaient guère à faire carrière. Cette situation changea en 1904 avec la création de l'International Professional Hockey League (IPHL), la première ligue professionnelle de hockey, dans le nord-est des États-Unis.

L'IPHL n'a existé que trois ans. Elle a été remplacée en 1910 par l'Association nationale du hockey (ANH), dont le siège social se trouvait à Montréal et qui comptait des équipes au Québec et en Ontario. En 1911, la Pacific Coast Hockey Association (PCHA) voyait le jour à Vancouver, avec des équipes en Colombie-Britannique et dans les États américains de Washington et de l'Oregon.

Les équipes d'amateurs demeuraient très actives au Canada et aux États-Unis, mais le grand public était en train de tomber amoureux du hockey professionnel. L'ANH et la PCHA clamaient toutes deux qu'elles offraient le meilleur hockey, et les champions de chaque association s'affrontaient désormais pour l'obtention de la coupe Stanley.

Les équipes professionnelles appartenaient pour la plupart à de riches hommes d'affaires qui dirigeaient aussi d'autres entreprises. Beaucoup d'entre eux avaient acquis des équipes dans ce nouveau sport populaire, pour se faire plaisir et pour épater leurs amis.

AU FIL DU TEMPS

1901
Marconi reçoit un message radio transatlantique à St. John's (Terre-Neuve).

1909
La première équipe de hockey professionnel, les Canadiens de Montréal, voit le jour.

1905
Frank Brophy, gardien du Montreal Westmount, marque un but.

1900
Les premiers filets sont installés dans les buts.

1907
Si un joueur est blessé pendant la première partie du match, il peut se reposer dix minutes. Il ne peut pas être remplacé. L'autre équipe joue tout simplement avec un homme en moins.

1902
Les équipes doivent payer une amende de 10 $ si elles commencent un match en retard, les joueurs étant parfois retardés par la météo ou par des pannes de train.

Les Règles évoluent

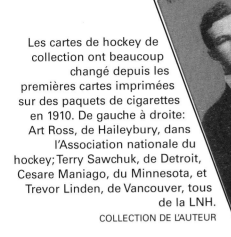

Les cartes de hockey de collection ont beaucoup changé depuis les premières cartes imprimées sur des paquets de cigarettes en 1910. De gauche à droite: Art Ross, de Haileybury, dans l'Association nationale du hockey; Terry Sawchuk, de Detroit, Cesare Maniago, du Minnesota, et Trevor Linden, de Vancouver, tous de la LNH.
COLLECTION DE L'AUTEUR

1911

1951

1970

2003

Cependant, les équipes se succédaient rapidement dans les premières années du hockey professionnel. Certaines prospéraient, mais d'autres fermaient leurs portes, leurs propriétaires étant à court d'argent ou ayant tout simplement perdu leur intérêt pour le sport. En 1924, la PCHA était réduite à deux équipes, les Cougars de Victoria et les Maroons de Vancouver, qui se sont jointes à la Western Hockey League. Cette jeune ligue de professionnels, active dans les Prairies pendant les années 1920, comptait au départ des équipes à Edmonton, Calgary, Regina et Saskatoon. En 1918, l'ANH avait cessé ses opérations elle aussi, parce que les membres de son équipe la plus populaire, celle du 228ème bataillon, avaient été appelés sous les drapeaux pendant la Première Guerre mondiale. La ligue avait également été dissoute parce que les propriétaires d'équipes se disputaient âprement sur la façon dont elle devait être gérée.

Mais un an avant la disparition de l'ANH, une nouvelle ligue dynamique avait vu le jour à Montréal. Elle portait le nom de Ligue nationale de hockey et allait changer le hockey pour toujours.

Le grand gardien des Sénateurs d'Ottawa, Percy LeSueur, a mené son équipe à la coupe Stanley avant la création de la LNH.

Infos rapides

Les Cartes de Hockey

L'apparition des cartes de collection, dont l'acquisition et l'échange sont aujourd'hui un passe-temps très populaire chez les jeunes amateurs de hockey, remonte à l'année 1910.

À l'époque, ces cartes n'étaient pas vendues dans des sachets de papier métallique, avec des listes de pointage et des éditions à tirage limité. Les premières années, de 1910 à 1913, elles étaient imprimées sur des paquets de cigarettes, sur papier mat sans statistiques détaillées. Les enfants devaient donc compter sur leurs parents pour obtenir leurs cartes.

Dans les années 1920, des laiteries, des journaux et des fabricants de bonbons et de gomme à mâcher se sont mis à produire des cartes à leur tour. De 1934 à 1967, la St.Lawrence Starch Company, de Port Credit (Ontario), envoyait aux amateurs une photo en noir et blanc de leur joueur préféré en échange d'une bande de papier qu'ils trouvaient sur les boîtes en métal contenant du sirop de maïs Bee Hive.

Les cartes se sont faites plus variées au début des années 1950, après la Seconde Guerre mondiale, et ce passe-temps a vraiment pris son essor en 1951 avec la première série de cartes Parkhurst. D'autres entreprises ont commencé bientôt à en imprimer, elles aussi.

De nos jours, les fabricants de cartes versent d'importantes sommes d'argent à l'association des joueurs de la LNH pour avoir le droit de publier les photos des joueurs.

1910-1919

Infos rapides

Changements de Règles

Les règles du jeu ont connu quelques changements importants avec l'avènement du hockey professionnel.

1911: Les matches comptent désormais trois périodes de vingt minutes, ce qui permet aux joueurs de se reposer un peu plus. Les mêmes joueurs restent généralement sur la glace d'un bout à l'autre du match et ne sont remplacés que s'ils sont blessés.

1914: Les arbitres commencent à laisser tomber la rondelle pendant les mises au jeu plutôt que de la déposer sur la patinoire. Cette façon de faire donne aux deux joueurs en présence des chances plus égales de prendre possession du disque pour leur équipe.

1918: Les gardiens sont autorisés à s'étendre sur la glace pour faire un arrêt. Jusque-là, les règles le leur interdisaient puisque les officiels craignaient que les gardiens se contentent de rester étendus devant leur filet pour toute la durée des matches, ce qui aurait rendu la tâche difficile aux joueurs incapables de soulever la rondelle.

1919: Les passes avant sont autorisées entre les lignes bleues, ce qui ajoute de la vitesse puisque les avancées se faisaient auparavant par des lancers d'un côté à l'autre de la patinoire.

Lester Patrick n'était pas seulement un administrateur important de la PCHA et de la LNH; en 1928, à l'âge de 44 ans, il a aussi participé à un match devant le filet des Rangers de New York pendant les finales de la coupe Stanley, pour remplacer d'urgence Lorne Chabot qui avait été blessé.

La nouvelle Ligue nationale de hockey fut constituée en 1917, et a accueilli presque tous les membres de l'ancienne ANH: les Canadiens et les Wanderers de Montréal, les Bulldogs de Québec, les Sénateurs d'Ottawa et les Arenas de Toronto — premiers champions de la coupe Stanley dans la nouvelle ligue — rebaptisés St. Patricks en 1919, puis Maple Leafs en 1927.

La création de la LNH annonçait l'avènement d'une ère nouvelle. Près de 80 ans avant que le Parlement canadien vote une loi en ce sens, le hockey était déjà le sport d'hiver national du Canada, et presque tous les joueurs de la ligue étaient canadiens.

Les propriétaires des équipes de la LNH étaient mieux organisés que ceux qui avaient dirigé des clubs de l'ANH, maintenant dissoute, et de la PCHA, qui devait disparaître peu après. Ils savaient qu'ils devaient gérer leurs équipes comme des entreprises s'ils voulaient que leur sport survive.

Mais un événement tragique allait bientôt s'abattre sur la ligue. La grippe espagnole, un terrible virus qui a infecté le cinquième de la population mondiale et tué 20 à 40 millions de personnes dans le monde en 1918 et 1919, a dévasté l'Amérique du Nord en 1919. Joe Hall, un des défenseurs des Canadiens de Montréal, victime de l'épidémie, a dû être hospitalisé à Seattle pendant la série finale du championnat. D'autres joueurs étaient eux aussi beaucoup trop malades pour jouer. La série a donc été annulée, et Hall est mort quelques jours plus tard.

À cause de cette tragédie, la coupe Stanley n'a pas été décernée en 1919, ce qui ne s'est jamais reproduit jusqu'à ce qu'un conflit de travail dans la LNH entraîne l'annulation de toute la saison 2004–2005.

La ligue a cependant survécu à ce triste épisode. Au début des années 1920, elle comptait des équipes au Canada et aux États-Unis, et le hockey était plus important que jamais dans la vie des Canadiens. Les soirées des matches de hockey professionnel étaient des occasions spéciales — les hommes portaient un costume, les femmes arboraient leurs manteaux de fourrure, les enfants avaient la permission de se coucher bien plus tard que d'habitude —, et les équipes comptaient des partisans de plus en plus nombreux.

La PCHA avait des équipes dans l'État de Washington et en Oregon, ce qui faisait du hockey professionnel un sport vraiment international. Le hockey féminin était maintenant répandu lui aussi des deux côtés de la frontière, et des équipes canadiennes et américaines se sont affrontées dans un tournoi à Cleveland (Ohio) en 1916.

Grands titres de journaux montréalais annonçant l'annulation des séries de la coupe Stanley en 1919 à cause de la grippe espagnole.
L'ÉVÉNEMENT, LE DEVOIR

Le défenseur Joe Hall, des Canadiens, est mort de la grippe espagnole.

AU FIL DU TEMPS

1919
Les éliminatoires de la coupe Stanley sont annulées à cause de l'épidémie de grippe espagnole.

1917
La Ligue nationale de hockey est fondée.

1914
La Première Guerre mondiale éclate en Europe.

1920-1929

Les amateurs de sports n'avaient pas seulement le hockey en tête dans les années 1920. Le baron français Pierre de Coubertin venait de créer les Jeux olympiques en 1896, et les Canadiens se réjouissaient des exploits que leurs meilleurs athlètes amateurs y avaient réalisés.

Compte tenu de sa popularité croissante en Europe, il fallait s'attendre à ce que le hockey se taille bientôt une place aux Olympiques.

C'est ainsi que les hockeyeurs amateurs (contrairement à aujourd'hui, les professionnels n'étaient pas admis aux Jeux olympiques) de sept pays — le Canada, la Belgique, les États-Unis, la France, la Suède, la Suisse et la Tchécoslovaquie — ont été invités à participer, en 1920, aux jeux de la VIIème Olympiade à Anvers, en Belgique. Le hockey a donc été présenté lors de jeux d'été, étonnamment, puisque les premiers Jeux olympiques d'hiver n'ont eu lieu officiellement que quatre ans plus tard.

Les représentants du Canada, les Falcons de Winnipeg, se sont révélés imbattables. Ils ont remporté le tournoi opposant six équipes en marquant 29 buts au cours de leurs 3 matches, contre un seul pour tous leurs adversaires réunis.

Le Canada a également régné en maître sur les premiers Jeux olympiques d'hiver, organisés dans la ville française de Chamonix en 1924. Les Granites de Toronto, porteurs du chandail à la feuille d'érable, ont gagné à leur tour la médaille d'or grâce à leurs 110 buts en 5 matches, tandis que leurs adversaires n'ont marqué que 3 buts.

Médaille d'or, photo d'équipe et fanion du championnat des Falcons de Winnipeg, gagnants du premier tournoi olympique de hockey sur glace, disputé à Anvers, en Belgique, en 1920. Leur victoire fut annoncée dans le journal *Le Devoir*.
MÉDAILLE, FANION: AVEC LA PERMISSION DE BRIAN JOHANNESSON; PHOTO D'ÉQUIPE: COLLECTION DE L'AUTEUR

AU FIL DU TEMPS

1926
Le légendaire gardien Georges Vézina meurt de la tuberculose.

1923
La société des Chemins de fer nationaux du Canada est créée.

1922
Les Sénateurs d'Ottawa et l'équipe de Toronto disputent le premier match nul de la LNH.

1921
Les pénalités mineures passent de trois à deux minutes.

1926
Les filets, fixés à la patinoire, mesurent 1,8 mètre de largeur sur 1,2 mètre de hauteur.

1927
Les équipes changent de côté de patinoire après chaque période.

1929
- La patinoire est divisée en zones défensive, neutre et offensive.
- La règle du hors-jeu est adoptée.

Les Règles évoluent

Au Canada, le hockey était plus populaire que jamais, notamment grâce à des vedettes comme Georges Vézina, le gardien des Canadiens de Montréal. Il avait réussi en 1918 le premier blanchissage de l'histoire de la LNH grâce à une victoire de 9 à 0 contre les Arenas de Toronto.

Mais, le 26 mars 1926, la LNH était en deuil: Vézina venait de mourir d'une maladie pulmonaire, la tuberculose. L'automne suivant, pour honorer sa mémoire, les Canadiens ont fait don du trophée Vézina à la LNH. Depuis lors, ce trophée est décerné chaque année au meilleur gardien de la ligue.

La Ligue nationale de hockey prenait rapidement de l'expansion. En 1926, elle comptait dix équipes, réparties entre la division canadienne et la division américaine, et attirait des foules nombreuses. La LNH a commencé à tenir des statistiques sur l'assistance à ses matches pendant la saison 1926–1927. Cette année-là, 1 119 961 partisans ont assisté à 220 matches, ce qui fait en moyenne 5 090 personnes par match. À peu près 4 fois moins que le nombre de spectateurs qui vont voir aujourd'hui les Canadiens de Montréal à chacun de leurs matches à domicile, mais les arénas des premières années de la ligue étaient beaucoup plus petites que celles d'aujourd'hui.

Le gardien Georges Vézina, des Canadiens, qui a donné son nom au trophée Vézina.

Le Trophée *Vézina*

Les propriétaires de l'équipe à laquelle appartenait Vézina ont créé le trophée Vézina et en ont fait don à la LNH. Ce trophée a été attribué pour la première fois à la fin de la saison 1926–1927. C'est George Hainsworth, des Canadiens, qui l'a remporté la première année et les deux suivantes.

Avant la saison 1981–1982, le trophée récompensait le ou les gardiens de l'équipe qui avaient alloué le moins de buts en saison régulière. Depuis, cependant, les directeurs généraux des équipes de la LNH l'accordent au gardien qu'ils jugent le meilleur.

D'autres grands trophées individuels décernés aux joueurs de la LNH

Le trophée Hart: pour le joueur le plus utile à son équipe
Le trophée Art Ross: pour le joueur ayant obtenu le plus de points (buts et aides) en saison régulière
Le trophée Calder: pour la meilleure recrue
Le trophée James Norris: pour le meilleur défenseur
Le trophée Frank J. Selke: pour le meilleur avant défensif
Le trophée Lady Byng: pour le joueur le plus courtois
Le trophée Williams M. Jennings: pour le ou les gardiens de l'équipe ayant alloué le moins de buts
Le trophée Conn Smythe: pour le joueur le plus utile dans les séries
Le trophée Jack Adams: pour le meilleur entraîneur
Le trophée Bill Masterton: pour une persévérance, un esprit sportif, et un dévouement exceptionnels
Le trophée King Clancy: pour un leadership exceptionnel sur la patinoire et en dehors
Le trophée Maurice (Rocket) Richard: pour le meilleur marqueur en saison régulière (buts seulement)

Le gardien Walter (Turk) Broda, des Maple Leafs de Toronto, avec le trophée Vézina, qu'il a remporté deux fois dans les années 1940.
HOCKEY ONLINE

Questions d'Argent

Il coûte beaucoup plus cher qu'autrefois d'assister à un match de la LNH. Bien sûr, à l'époque, les joueurs et les partisans gagnaient beaucoup moins d'argent que maintenant, et les autres produits et services coûtaient aussi beaucoup moins cher. Cette augmentation des coûts, avec le temps, s'appelle l'inflation.

Autrefois, on pouvait aller voir les meilleurs joueurs de la LNH pour seulement 25 cents, si l'on était prêt à se contenter d'une place debout derrière le filet, dans les gradins du haut. Dans les années 1920 et 1930, peu après la création de la LNH, les meilleurs sièges dans bien des arénas coûtaient environ 3 $.

Il est intéressant de comparer ce prix avec le prix moyen des billets pour les matches des équipes canadiennes de la LNH au cours de la saison 2005-2006. Les chiffres entre parenthèses correspondent au prix moyen des billets en 1993-1994, au moment où le bulletin *Team Marketing Report* a commencé à publier ces informations.

Vancouver: 54,08 $ (41,03 $) **Toronto:** 49,23 $ (35,68 $)
Montréal: 47,58 $ (28,20 $) **Edmonton:** 43,46 $ (20,84 $)
Calgary: 40,92 $ (22,79 $) **Ottawa:** 40,76 $ (36,83 $)

L'équipe féminine du collège Royal Victoria, représentant l'Université McGill. Elle perdit contre l'Université de Toronto lors du tournoi intercollégial canadien de 1921.
SERVICE DES SPORTS DE McGILL

En 1927–1928, le billet le plus cher pour un match de la LNH coûtait 3,50 $. C'était le prix à payer pour voir les Rangers de New York, les Americans de New York ou les Blackhawks de Chicago, mais à la Mutual Street Arena de Toronto, il était possible d'entrer pour seulement 25 cents… à condition d'être prêt à rester debout pendant tout le match.

Les hommes n'étaient pas les seuls à démontrer que le hockey pouvait se jouer à un haut niveau. L'équipe féminine de l'Université de Toronto a défait l'équipe de McGill aux championnats intercollégiaux de 1921, obtenant ainsi pour la première fois un titre qu'elle devait remporter 11 fois en tout.

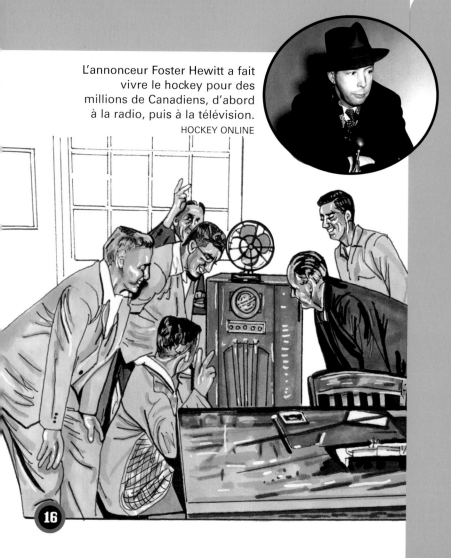

L'annonceur Foster Hewitt a fait vivre le hockey pour des millions de Canadiens, d'abord à la radio, puis à la télévision.
HOCKEY ONLINE

Le Hockey Fait ses Débuts à la
Radio

Au début des années 1920, avant l'invention de la télévision, les amateurs de hockey étaient informés des résultats des matches après coup, dans les journaux et les bulletins de nouvelles de la radio. Imaginez donc leur excitation, le 14 mars 1923, quand le premier match de hockey a été diffusé en direct à la radio: un match de la Western League opposant les Eskimos d'Edmonton et les Capitals de Regina, commenté par Pete Parker à Regina (Saskatchewan).

Huit jours plus tard, le journaliste torontois Foster Hewitt assistait à un match des ligues mineures et transmettait par téléphone ses commentaires, diffusés en direct à la radio de Toronto.

D'autres matches ont suivi, de plus en plus nombreux, et c'est ainsi que les Canadiens d'un océan à l'autre ont bientôt pris l'habitude de se réunir autour de leurs gros postes de radio pour écouter la voix de Hewitt.

Hewitt est devenu encore plus célèbre quand il a commencé à commenter les matches télédiffusés à l'émission *Hockey Night in Canada* — l'équivalent anglophone de *La Soirée du hockey*. Il est le premier à s'être écrié: "He shoots! He scores", une expression qui est aujourd'hui passée dans l'usage tout comme que le "Il lance… Et compte!" des commentateurs francophones comme René Lecavalier.

1930-1939

La croissance qu'avait connue le hockey dans les années 1920 s'est transformée en véritable explosion dans les années 1930. Les matches attiraient de plus en plus de spectateurs dans les arénas, malgré les difficultés financières que beaucoup d'entre eux éprouvaient à l'époque.

Le krach boursier de 1929 avait vidé les comptes en banque et brisé la vie de millions de personnes. Le hockey, comme toutes les entreprises, en a subi le contrecoup. Pour diverses raisons, notamment l'effondrement des marchés boursiers, trois franchises (les Pirates de Pittsburgh, les Maroons de Montréal et les Sénateurs d'Ottawa) n'avaient plus les fonds nécessaires pour continuer à jouer et se sont retirées de la LNH au moment de la Grande Dépression des années 1930, qui a entraîné une profonde pauvreté.

Il se produit un krach boursier quand la valeur des actions, ou des parts, des entreprises dans lesquelles des gens ordinaires ont investi leurs économies connaît soudainement une baisse considérable.

Fred (Cyclone) Taylor fut une des plus grandes vedettes des Millionnaires de Vancouver, de la PCHA.

Infos rapides

Victoires dans l'Ouest

À l'aube des années 1930, aucune équipe de l'Ouest canadien ne pouvait prétendre à la coupe Stanley.

La Pacific Coast Hockey Association (PCHA), composée des Royals de New Westminster, des Aristocrats de Victoria et des Millionaires de Vancouver, avait été fondée en 1911. À partir de 1915, les champions de la PCHA affrontaient les champions de l'Association nationale du hockey (ANH) — la ligue de l'Est canadien qui devait faire place plus tard à la LNH — pour la coupe.

La Western Canada Hockey League a été constituée en 1921, ce qui a entraîné la dissolution de la PCHA, et les Cougars de Victoria ont remporté la coupe Stanley en 1925. Aucune autre équipe de l'Ouest canadien n'a fait de même jusqu'en 1984, lorsque les Oilers d'Edmonton ont gagné la première de leurs cinq coupes Stanley, tandis que les Flames de Calgary l'ont obtenue en 1989.

Les équipes de l'Alberta ont dominé la LNH de 1984 à 1990, avec six coupes Stanley en sept saisons.

AU FIL DU TEMPS

1931
La LNH reconnaît officiellement les aides sur les buts marqués.

1939
La Seconde Guerre mondiale éclate en Europe.

1930
Tous les joueurs doivent maintenant porter un numéro dans le dos.

1932
Si un gardien est puni et doit quitter la patinoire, l'entraîneur peut lui désigner un remplaçant.

1937
La première règle sur le dégagement refusé est adoptée.

1933
Toutes les arénas de la LNH doivent être équipées d'un chronomètre.

1934
Le lancer de pénalité est adopté: un joueur victime d'une manoeuvre illégale alors qu'il allait marquer, a droit à un tir au but sans obstruction dans un rayon de 3 mètres, à 11,5 mètres du but.

Les Règles évoluent

Le Match des Étoiles

Le match des étoiles organisé chaque année par la LNH est toujours intéressant. Il fournit aux meilleurs joueurs de la ligue une occasion de faire étalage de leurs multiples talents. Mais il n'a pas toujours été disputé seulement pour le plaisir.

Trois "matches des étoiles" ont été présentés pendant les années 1930. Le premier, en 1934, a permis de recueillir de l'argent pour Ace Bailey, un joueur vedette des Maple Leafs de Toronto, après une blessure qui a mis fin à sa carrière. Deux autres matches ont été organisés par la suite pour venir en aide aux familles de deux membres des Canadiens de Montréal: Howie Morenz, décédé en 1937 quelques semaines après s'être fracturé une jambe au cours d'un match, et Albert (Babe) Siebert, qui s'est noyé dans le lac Huron en 1939 pendant une excursion en famille à la plage.

Le premier match des étoiles "officiel" a eu lieu en 1947 à Toronto. Les Maple Leafs, champions de la coupe Stanley, ont alors affronté une équipe formée des meilleurs joueurs des autres équipes de la ligue. Ces matches sont ensuite devenus une tradition annuelle.

La formule a changé au fil des années, et les partisans jouent aujourd'hui un rôle important dans le choix des joueurs qui participeront aux matches, en votant pour leurs joueurs préférés.

La décennie a aussi été marquée par un événement d'une grande tristesse. Six semaines après s'être fracturé une jambe au cours d'un match contre les Blackhawks de Chicago, en 1937, Howie Morenz, super vedette des Canadiens, mourait dans un hôpital de Montréal, emporté par une embolie pendant son sommeil. Il n'avait que 34 ans.

Morenz était l'âme des Canadiens. C'était un patineur tellement rapide qu'on l'avait surnommé "le météore de Mitchell" et "l'éclair de Stratford", du nom des deux villes de l'Ontario qui prétendaient qu'il en était originaire.

Son décès a brisé le cœur de toute la LNH. Des dizaines de milliers de personnes ont assisté à ses funérailles le 11 mars 1937, au centre de la patinoire du Forum de Montréal. Les commentateurs sportifs l'ont consacré par la suite plus grand athlète masculin de la première moitié du 20ème siècle.

Le hockey commençait à changer d'apparence. Les joueurs devaient désormais avoir un numéro sur leur uniforme. Jusque-là, les partisans — et parfois même les entraîneurs — étaient obligés de deviner qui étaient les joueurs sur la patinoire. Et Clint Benedict, des Maroons de Montréal, avait provisoirement donné un nouveau visage aux gardiens de but en portant un masque de cuir rudimentaire pendant quelque temps après s'être fracturé le nez.

Howie Morenz, de Montréal, a été proclamé meilleur athlète canadien de la première moitié du 20ème siècle, tous sports confondus. Son décès soudain fut une tragédie pour le monde du hockey.

Clint Benedict, des Maroons de Montréal, a été le premier gardien de la LNH à porter un masque, quoique brièvement, après s'être fracturé le nez en 1930.
BIBLIOTHÈQUE ET ARCHIVES CANADA

Dans les années 1920, on nettoyait les patinoires à l'aide de longs balais. Vingt ans plus tard, le même travail se faisait à la pelle.
BIBLIOTHÈQUE ET ARCHIVES CANADA

Désormais, quand une rondelle s'envolait par-dessus la bande, les partisans la gardaient en souvenir plutôt que de la relancer sur la patinoire. En fait, la rondelle rebondissait souvent de cette façon parce que la glace était en mauvais état.

Mais un inventeur du nom de Frank J. Zamboni allait bientôt trouver la solution à ce problème.

La première surfaceuse Zamboni, la *Model A*, en 1949.
AVEC LA PERMISSION DE LA FRANK J. ZAMBONI CO. INC.

Quelques Détails sur la Machine Zamboni:

● En 2001, pour faire de la publicité à l'entreprise, la 7 500ème Zamboni à avoir été fabriquée a fait le trajet de St. John's (Terre-Neuve) à Victoria (C.-B.). À une vitesse approximative de 14 km/h, cette traversée du Canada a pris environ quatre mois.

● En 2005, plus de 8 000 machines avaient été livrées dans des arénas partout dans le monde depuis la création de la Zamboni.

● Quand une Zamboni refait la surface d'une patinoire, elle ramasse environ 3 300 kilos de neige et laisse derrière elle à peu près 2 600 kilos d'eau.

● La 21ème machine fabriquée par Frank Zamboni, vendue aux Bruins de Boston en 1954, est exposée au Temple de la renommée du hockey à Toronto (Ontario).

● Enfin, pourquoi les Zamboni sont-elles munies de phares? Parce qu'elles doivent parfois rouler la nuit, comme l'une d'elles l'a fait en 2001 entre St. John's et Victoria, et aussi parce que la plupart d'entre elles doivent sortir de leur aréna pour vider leur réservoir de neige.

Infos rapides

L'Histoire de la Machine Zamboni

Il y a toute une histoire derrière la plus célèbre surfaceuse de patinoire au monde.

Cette histoire commence en 1939, quand Frank J. Zamboni, de Eureka (Utah), construit l'immense patinoire extérieure *Iceland Skating Rink* dans le sud de la Californie. Un an plus tard, il ajoute un toit en coupole sur sa patinoire parce que les rayons du soleil et les vents secs rendent la glace artificielle difficile à entretenir convenablement.

Il faut de trois à cinq hommes, et plus d'une heure, pour refaire la surface de la patinoire: ils doivent tirer une lame derrière un tracteur afin d'aplanir la glace, pelleter les copeaux de glace, arroser la patinoire, balayer l'excès d'eau avec des grattoirs et, finalement, appliquer une autre couche d'eau pour compléter le travail.

Dans les premières années de la LNH, des hommes munis d'immenses balais et de seaux d'eau, remplacés plus tard par des boyaux d'arrosage, se chargeaient de ces tâches. Par la suite, on refaisait la glace en traînant à la main d'immenses barils d'eau sur toute la surface de la patinoire.

En mars 1942, Frank Zamboni achète un tracteur et commence à expérimenter des méthodes plus rapides et plus efficaces pour faire ce travail. Après sept ans d'efforts, son invention, *la Model A Zamboni Ice Resurfacer*, est à l'œuvre sur la patinoire Iceland.

La surfaceuse a bien changé depuis la création de l'historique "modèle A" en 1949, mais elle accomplit toujours les mêmes tâches: elle racle la glace et l'arrose avec de l'eau, qu'elle étend ensuite pour obtenir un fini lisse et brillant comme un miroir.

L'entreprise construit aujourd'hui ses machines dans des usines de Californie et de Brantford (Ontario), la ville natale du grand Wayne Gretzky. Chaque surfaceuse coûte de 10 000 $ à 150 000 $, selon sa taille, et c'est un employé d'entretien de l'aréna qui la conduit, très lentement, pour faire le tour de la patinoire.

Une surfaceuse Zamboni moderne des années 1990, contente d'être au travail!
AVEC LA PERMISSION DE LA FRANK J. ZAMBONI CO. INC.

Une Géniale Invention
Canadienne

Bien sûr, il n'est pas absolument nécessaire de jouer au hockey sur une patinoire. C'est possible aussi sur un ordinateur de poche, sur un écran de télévision ou encore, sur coussin d'air, dans une salle de jeux électroniques.

Mais bien avant l'ère de l'informatique, un Canadien du nom de Donald Munro avait inventé le hockey de table, qui a été très populaire pendant des décennies et qui l'est d'ailleurs encore aujourd'hui.

En 1930, Munro a eu l'idée de fabriquer une patinoire miniature avec des hockeyeurs de métal fixés à de courtes tiges, qu'on pouvait faire glisser sur la "glace" grâce à des tringles en acier pour leur faire lancer la rondelle vers un gardien de but en métal.

Certains des premiers jeux de hockey sur table fabriqués par Munro, vendus par la poste dans le catalogue Eaton en 1939, coûtaient environ 5 $ — à peu près le prix de quelques rondelles de nos jours.

Un des premiers jeux de hockey sur table, conçu et fabriqué par Donald Munro de Hamilton (Ontario).
CLASSIC COLLECTIBLES

Dans les années 1930, le hockey féminin avait le vent dans les voiles. Les Rivulettes de Preston (Ontario) étaient presque imbattables. Tout au long de la décennie, elles n'ont perdu que 2 matches sur les 350 qu'elles ont disputés dans la ligue.

La Seconde Guerre mondiale est venue changer les choses. À cause de la guerre, et du rôle qu'elles ont dû jouer durant cette période — tant en uniforme que pour soutenir leurs familles tandis que leurs maris étaient partis combattre outre-mer —, la plupart des femmes ont cessé de jouer au hockey pendant qu'elles contribuaient à l'effort de guerre. Il leur faudra 30 ans par la suite pour regagner le temps perdu.

Mais la guerre allait aussi avoir des conséquences profondes sur la Ligue nationale de hockey.

Infos rapides

Le Plus Long Match de la LNH

Les partisans présents au Forum de Montréal les 24 et 25 mars 1936 ont assisté au plus long match de toute l'histoire de la Ligue nationale de hockey.

Les Maroons de Montréal et les Red Wings de Detroit s'affrontaient en demi-finale. La marque était toujours égale après les trois périodes réglementaires, suivies de cinq périodes de prolongation, lorsque Modere (Mud) Bruneteau, de Detroit, a marqué le but gagnant à 2 heures 25 du matin, le 25 mars — le lendemain du début du match — contre le gardien des Maroons, Lorne Chabot.

Le match avait duré 176 minutes, 30 secondes, et certains spectateurs dormaient profondément dans les gradins du Forum quand il s'est finalement terminé. Il semble bien peu probable que ce record de la LNH soit brisé un jour.

Les premiers chronomètres des arénas étaient parfois difficiles à déchiffrer.
BIBLIOTHÈQUE ET ARCHIVES CANADA

Margaret Cameron en uniforme, prête à arrêter les lancers les plus difficiles.
SERVICE DES SPORTS DE McGILL

Quand s'est amorcée la saison 1942–1943, la LNH comptait six équipes: les Canadiens de Montréal et les Maple Leafs de Toronto au Canada, et les Bruins de Boston, les Blackhawks de Chicago, les Red Wings de Detroit, et les Rangers de New York aux États-Unis.

Au début des années 1940, de nombreux joueurs de ces six équipes — les "six équipes originales", comme on les a surnommées — ont été appelés sous les drapeaux pour participer à la Seconde Guerre mondiale. Leur départ a ouvert la porte à de nouveaux talents, à une époque où certains des joueurs les plus doués de l'histoire du hockey commençaient à laisser leur trace.

Certaines équipes ont beaucoup souffert du départ de leurs joueurs à la guerre. Mais d'autres préparaient déjà leur avenir. Les Canadiens ont trouvé du travail pour certains de leurs joueurs dans les industries de guerre comme les chantiers navals, les avionneries et les manufactures de munitions, ce qui leur a permis de rester au pays plutôt que d'aller se battre outre-mer. Ces hommes contribuaient ainsi à l'effort de guerre pendant la journée tout en jouant au hockey le soir, et beaucoup d'entre eux sont devenus de grandes vedettes de la LNH.

Infos rapides

Ô Canada...

Ce n'est qu'en 1946, peut-être comme marque de fierté à la suite de la Seconde Guerre mondiale, que la LNH a officiellement déclaré que l'hymne national de l'équipe locale devait être interprété au début des matches.

Aujourd'hui, si des équipes du Canada et des États-Unis s'affrontent, les hymnes nationaux des deux pays sont interprétés.

Au début, l'hymne était habituellement joué par l'organiste de l'aréna, ou encore sur disque, et les partisans chantaient parfois en chœur. À Montréal, cependant, tout le monde se souvient du fameux "Ô Canada!" que le chanteur d'opéra Roger Doucet, un ancien sergent de l'armée canadienne, interprétait au Forum dans les années 1970.

En 2001, soit 20 ans après la mort de Roger Doucet, l'astronaute canadien Chris Handfield a entendu cette version du "Ô Canada!" en orbite, dans son casque d'astronaute. Il se trouvait alors bien haut dans l'espace au-dessus de Terre-Neuve, pour assurer l'entretien du bras robotisé canadien, le Canadarm 2.

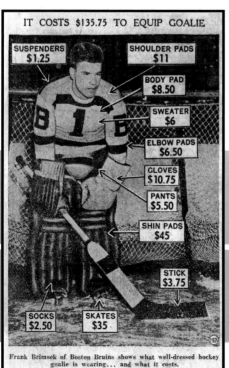

IT COSTS $135.75 TO EQUIP GOALIE

SUSPENDERS $1.25
SHOULDER PADS $11
BODY PAD $8.50
SWEATER $6
ELBOW PADS $6.50
GLOVES $10.75
PANTS $5.50
SHIN PADS $45
STICK $3.75
SOCKS $2.50
SKATES $35

Frank Brimsek of Boston Bruins shows what well-dressed hockey goalie is wearing... and what it costs.

Aujourd'hui, il faut environ 6 000 $ pour équiper un gardien de la LNH, du masque aux patins. Comme le démontre ici Frank Brimsek, de Boston, l'équipement était beaucoup moins cher dans les années 1940.
AVEC LA PERMISSION DE HOWARD McINTYRE

AU FIL DU TEMPS

1948
Le gardien Emile Francis porte un gant semblable à un gant de baseball devant son filet.

1945
La Seconde Guerre mondiale prend fin; 42 000 soldats canadiens y ont perdu la vie.

1942
Bep Guidolin devient, à l'âge de 16 ans, le plus jeune joueur de tous les temps dans la LNH.

1940
La LNH décrète que la glace doit être refaite entre les périodes afin d'en améliorer la qualité.

1945
On installe des lumières derrière les buts.

1946
Les arbitres commencent à communiquer par signes.

Les Règles évoluent

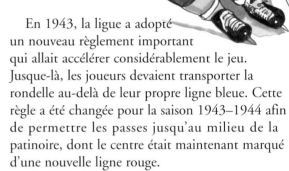

Le grand Gordie Howe, joueur polyvalent, était surnommé "M. Hockey".

Le Temple de la Renommée du Hockey

Plus de 5 700 hommes ont joué dans la LNH depuis ses débuts en 1917. Mais ce n'est qu'en 1943 que des pourparlers ont été entamés en vue de la création d'un temple de la renommée visant à souligner les exploits des grands du hockey.

Les premiers membres ont été élus en 1945, et il a fallu attendre 1961 pour qu'une salle d'exposition ouvre enfin ses portes au grand public à Toronto. Howie Morenz et Georges Vézina des Canadiens, Frank McGee de l'équipe d'Ottawa, le gardien Chuck Gardiner des Blackhawks de Chicago, né à Winnipeg, et lord Stanley of Preston, le donateur de la coupe qui porte son nom, figuraient parmi les 11 hommes intronisés en 1945.

Plus de 340 membres sont aujourd'hui honorés dans ce "temple du hockey" qui vise à reconnaître la contribution des plus grands joueurs, bâtisseurs — les hommes qui ont aidé à façonner le sport et à former les équipes, par exemple les entraîneurs, les directeurs généraux, les administrateurs et les propriétaires d'équipe —, arbitres et juges de ligne. De nouveaux membres y sont élus chaque année par un comité qui étudie les suggestions de ses membres et du grand public.

Le travail de plus de 75 journalistes et diffuseurs qui ont contribué à promouvoir le hockey y est également souligné.

Le Temple de la renommée était installé au départ dans un bâtiment situé sur les terrains de l'Exposition canadienne nationale de Toronto, près des rives du lac Ontario. Il a déménagé au centre-ville de Toronto en 1993, dans un nouvel édifice qui attire aujourd'hui des amateurs de sports du monde entier.

On y retrouve des centaines d'objets, de jeux et d'expositions interactives, et son centre de documentation abrite des milliers de livres, de magazines, et de photographies à la disposition du grand public.

Le Temple de la renommée du hockey a accueilli plus de 500 000 visiteurs en 1993. C'est aujourd'hui l'une des principales attractions touristiques de Toronto.

En 1943, la ligue a adopté un nouveau règlement important qui allait accélérer considérablement le jeu. Jusque-là, les joueurs devaient transporter la rondelle au-delà de leur propre ligne bleue. Cette règle a été changée pour la saison 1943–1944 afin de permettre les passes jusqu'au milieu de la patinoire, dont le centre était maintenant marqué d'une nouvelle ligne rouge.

L'équipe de Detroit comptait à cette époque une nouvelle étoile montante: le jeune Gordie Howe, de Floral (Saskatchewan), un joueur calme mais robuste, qui a entrepris en 1946 une carrière de 25 ans dans la LNH. Howe, surnommé "M. Hockey", a joué 1 924 matches, en incluant les séries, et marqué 869 buts. Jusqu'à l'arrivée de Wayne Gretzky dans les années 1980, Howe est demeuré le plus grand joueur polyvalent de l'histoire du hockey.

Le gardien Chuck Gardiner, de Chicago, qu'on voit ici dans son uniforme du match des étoiles, faisait partie du premier groupe de joueurs élus au Temple de la renommée du hockey en 1945.
HOCKEY ONLINE

La "Punch Line" des Canadiens, dans les années 1940, a été l'un des trios les plus craints de tous les temps. On voit ici le centre Elmer Lach entre ses ailiers, Maurice (Rocket) Richard (à gauche) et Toe Blake.
COLLECTION ELMER LACH

Plaque du Temple de la renommée du hockey immortalisant le Rocket.

Le capitaine des Maple Leafs de Toronto, Ted (Teeder) Kennedy, reçoit la coupe Stanley des mains du président de la LNH, Clarence Campbell (à droite), en 1949, avec ses coéquipiers et le propriétaire de l'équipe, Conn Smythe.
COLLECTION DE L'AUTEUR

Mais c'est sans doute un athlète de Montréal qui s'est le plus illustré pendant la majeure partie des années 1940 et 1950: le légendaire Maurice Richard, un ailier droit d'une grande intensité dont la puissance explosive lui a valu le surnom de "Rocket".

Le Rocket jouait aux côtés d'Elmer Lach, au centre, et de Toe Blake, à l'aile gauche, qui devait remporter plus tard huit coupes Stanley comme entraîneur des Canadiens. Ils formaient ensemble ce qu'on a appelé la "Punch Line" en raison de leur offensive "coup de poing". Richard a été le premier joueur de la ligue à marquer 50 buts en 50 matches, au cours de la saison 1944–1945.

Pendant que la "Punch Line" des Canadiens accumulait les buts, les Maple Leafs de Toronto connaissaient de leur côté un succès inégalé tout au long de la décennie, remportant la coupe Stanley à cinq reprises avec l'aide de joueurs comme Syl Apps, Ted (Teeder) Kennedy et Bill Barilko, et d'un petit gardien rondouillard du nom de Turk Broda.

LES LEAFS CONSERVENT LA COUPE STANLEY

Le Devoir, 18 avril 1949

Suite à la page 28

L'Évolution du HOCKEY
Amateur et Communautaire

Bien avant la naissance de la LNH, on jouait déjà au hockey pour s'amuser.

Au Canada, les premiers matches de hockey communautaire, disputés sur des rivières et des étangs gelés, s'inspiraient d'un jeu écossais du 17ème siècle, le "shinty", dans lequel deux équipes de douze joueurs tentaient d'envoyer une petite balle dans le but de leurs adversaires.

À peu près tous ceux qui savaient patiner — surtout des hommes et des garçons, mais parfois aussi des femmes et des petites filles — faisaient partie d'équipes d'amateurs représentant des entreprises, des villes, des paroisses et même des prisons. Ces équipes se rendaient souvent dans d'autres villes pour affronter des formations du même genre, sans autre enjeu que leur fierté.

Les patinoires canadiennes sont encore aujourd'hui le théâtre de matches improvisés, dont les participants sont choisis parmi les joueurs qui se présentent. C'est souvent sur ces patinoires, autant que dans les arénas, que naît l'amour du hockey. En fait, les enfants jouent souvent au hockey avant même d'avoir appris à patiner, et bien des gens pratiquent le hockey-balle toute l'année.

La passion pour ce sport grandit en même temps que les joueurs, qui commencent dans les ligues organisées de hockey mineur comme novices (vers l'âge de huit ans) et finissent comme juniors (à la fin de l'adolescence) — après avoir été atomes, pee-wees, bantams, puis midgets —, et qui continuent parfois au collège ou à l'université.

Les femmes s'intéressent aujourd'hui de plus en plus au hockey organisé, complètement dominé à une certaine époque par les garçons et les hommes. Dans les groupes plus jeunes, les filles jouent souvent dans les mêmes équipes que les garçons.

C'est une petite Torontoise de neuf ans, Abigail Hoffman, qui leur a ouvert la voie dans les années 1950. Comme il n'existait aucune équipe de filles à laquelle elle aurait pu se joindre, elle s'est coupé les cheveux et s'est inscrite dans une ligue de garçons sous le nom d'Ab Hoffman. Elle a même fait partie des défenseurs vedettes d'une équipe junior de St. Catharines (Ontario) avant qu'on découvre sa véritable identité. Elle a quand même continué à jouer et a contribué à la création, en 1982, du premier championnat national de hockey féminin au Canada. Aujourd'hui, le trophée Abby Hoffman est remis chaque année aux gagnantes de ce tournoi.

Beaucoup de femmes et de filles savent maintenant ce que savait Abigail Hoffman: le hockey est un sport merveilleux. En 1994–1995, il y avait 19 050 joueuses inscrites au Canada; en 2004–2005, ce nombre était passé à 60 250 — près de trois fois plus.

Il est certain que la LNH ne représente que la pointe de l'iceberg. Depuis plus d'un siècle, les Canadiens se transmettent les traditions du hockey, dans leurs familles et leurs communautés. C'est grâce à cet amour et à ce respect de notre sport d'hiver national, à tous les niveaux, que le hockey est aujourd'hui en si bonne forme.

Du Hockey **Amateur** à la **LNH**

Pour chaque joueur de la LNH, il y a des milliers de gens qui jouent au hockey pour s'amuser et se garder en bonne condition physique, ou tout simplement par passion. Mais, pour les meilleurs d'entre eux, ces matches de hockey communautaire représentent souvent les premiers pas vers une carrière dans la LNH, la ligue de hockey professionnel par excellence.

C'est le cas par exemple du Métis Sheldon Souray. Comme la douzaine d'autres Canadiens autochtones qui ont joué dans la LNH, Souray a appris à patiner et à jouer au hockey en lançant des rondelles dans les bancs de neige. Il a fait cet apprentissage à Fishing Lake (Alberta), avant que ses parents l'inscrivent au hockey mineur à Edmonton. Il a été recruté par la LNH en 1994, comme défenseur de l'équipe du New Jersey, et a été échangé à Montréal en 2000.

La partie n'était pourtant pas gagnée d'avance pour Souray, pas plus qu'elle ne l'est aujourd'hui pour tous les jeunes qui espèrent atteindre un jour la LNH. Il faut avoir un talent exceptionnel, des parents dévoués et d'excellents entraîneurs, et être prêt à travailler de longues heures pour s'améliorer sur tous les plans… tout en obtenant de bonnes notes à l'école.

Les joueurs doivent parfois accepter de quitter leur famille à un âge relativement jeune pour jouer dans les rangs juniors ou dans une équipe universitaire, où ils pourront être vus par les éclaireurs qu'embauchent les clubs de la LNH dans le but de trouver les jeunes talents susceptibles d'être un jour le plus utiles à leur équipe. Pour les quelques chanceux qui sont choisis, un poste dans la LNH représente le rêve d'une vie.

La LNH, par l'intermédiaire de son bureau central de dépistage, établit une liste de classement des joueurs d'âge junior en Amérique du Nord et en Europe. C'est dans cette liste que les 30 équipes de la LNH vont choisir chaque année des joueurs comme Sidney Crosby, de Pittsburgh, et Alexander Ovechkin, de Washington, deux des recrues les plus impressionnantes de la ligue en 2005–2006.

La séance de "repêchage" est télévisée. Elle donne parfois lieu à des moments d'émotion, lorsqu'un joueur monte sur l'estrade et qu'il revêt le chandail et la casquette de l'équipe qui l'a choisi.

Le joueur repêché retourne généralement par la suite à son équipe junior et passe à un club de hockey mineur professionnel faisant partie du réseau des "clubs-écoles" de la LNH, pour développer ses talents encore davantage. Et son rêve se réalise véritablement quand il est enfin appelé à jouer dans la LNH.

SHELDON SOURAY
DEFENSEMAN • MONTREAL CANADIENS®

De haut en bas: Sheldon Souray à 8 ans, avec le chandail de son équipe de hockey mineur, les Maple Leafs d'Evansdale (Edmonton). À 10 ans, pour les Eagles d'Evansdale. À 11 ans, sur la première carte de hockey qui le représente, avec les North Stars de North East Edmonton. À 18 ans, avec l'équipe junior des Tri-Cities Americans, dans la Western Hockey League. À 28 ans, sur sa carte de la LNH en 2004-2005, avec les Canadiens.

TROIS PHOTOS DU HAUT: LILLIAN PARENTEAU; JEFF FULKS; PACIFIC TRADING CARDS

L'évolution de l'équipement

Tout comme le hockey lui-même, l'équipement des joueurs a évolué lui aussi au fil des décennies.

Le Nouveau Visage des Gardiens

1927: Elizabeth Graham, de l'Université Queen's de Kingston (Ontario), porte un masque d'escrime pour se protéger le visage pendant ses matches intercollégiaux.

1930: Dans la LNH, Clint Benedict, des Maroons de Montréal, se fabrique un masque rudimentaire avec un bout de cuir, pour se protéger le visage après s'être fracturé le nez (voir la page 18). Mais, comme ce masque l'empêche de voir convenablement, Benedict le met de côté presque immédiatement après le début du match.

Années 1950: Plante porte régulièrement un masque de fibre de verre ajusté sur le visage durant les entraînements, malgré l'opposition de son entraîneur, Toe Blake. Presque tous les gardiens l'imiteront par la suite, lorsqu'il gardera son masque pour les matches aussi.

1973: Andy Brown, des Penguins de Pittsburgh, est le dernier gardien de la ligue à adopter finalement le masque protecteur.

Jacques Plante a changé pour toujours l'image des gardiens de but en portant ce masque au cours d'un match, le 1er novembre 1959.

Le Casque

Le casque est obligatoire pour tous les joueurs de la LNH depuis 1979. George Owen, alors nouvelle recrue chez les Bruins de Boston, a été le premier à en porter un dans la LNH en 1928. Aujourd'hui, de nombreux joueurs ont aussi adopté la visière sur leur casque de plastique rigide, et les joueurs qui évoluent au hockey mineur, tout comme au hockey junior ou collégial, sont tenus de porter un masque grillagé qui leur protège le visage.

Le Chandail

Les joueurs portaient autrefois des chandails de laine très lourds et qui sentaient mauvais une fois mouillés. Les chandails d'aujourd'hui sont faits de fibres synthétiques; ils sèchent presque instantanément et sont pratiquement indestructibles.

Les Gants

Les joueurs ont vite constaté les avantages des gants. Les premières versions de ceux que l'on voit aujourd'hui, appelées "gantelets", ont fait leur apparition vers 1915.

de hockey

Le Pantalon

Le pantalon a lui aussi beaucoup évolué, depuis le modèle aux genoux, rembourré comme celui des joueurs de football, jusqu'à la culotte courte offrant une meilleure protection.

Les Patins

À la fin du 19ème siècle, les patins se présentaient en deux parties, les lames étant fixées par des courroies ou des boulons à des bottes lacées. Au début du 20ème siècle apparurent les "patins tubulaires", puis les lames d'acier inoxydable rivetées à des bottes de cuir. Les patins modernes sont faits de plusieurs matériaux, et sont légers et solides.

Les Jambières

Les premiers joueurs n'avaient pas de protège-tibias. Au début, les gardiens portaient des jambières conçues pour le sport britannique du cricket, puis de lourdes jambières de cuir rembourrées de crin de cheval et bordées de feutre. Rapidement, tous les joueurs ont commencé à coudre des coussinets dans leurs épaisses chaussettes de laine. Depuis les années 1960, ils portent des modèles en plastique plus résistants, et tout l'équipement de hockey est maintenant fabriqué dans des matériaux légers, dignes de l'ère spatiale, qui protègent les joueurs mieux que jamais.

L'Évolution de la Rondelle

Avant que la rondelle de caoutchouc rigide soit introduite en permanence au hockey, vers 1900, on jouait avec différents objets, par exemple des balles de caoutchouc, des fruits congelés, des boîtes de conserve aplaties, des rondelles de bois... et même du crottin de cheval gelé.

La balle de caoutchouc utilisée pour le premier match disputé à l'intérieur à la patinoire Victoria de Montréal, à la fin du 19ème siècle, rebondissait beaucoup, et bien des fenêtres ont été brisées — ce qui a fait des dégâts évalués à 300 $ — avant qu'elle soit remplacée par la rondelle de caoutchouc que nous connaissons aujourd'hui. La légende raconte que le directeur de l'aréna aurait découpé la balle en tranches pour le match suivant, donnant ainsi naissance à la première rondelle plate.

De nos jours, la rondelle utilisée dans la LNH est faite de caoutchouc noir vulcanisé (ou imperméabilisé). Elle doit avoir 2,5 centimètres d'épaisseur et 7,5 centimètres de diamètre, et peser entre 165 et 180 grammes. Elle porte l'écusson de la ligue d'un côté et celui de l'équipe locale de l'autre.

Le Bâton

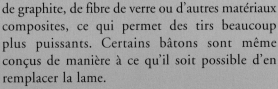

Le lourd bâton de bois d'une seule pièce utilisé autrefois est aujourd'hui un objet de musée. Les bâtons de hockey modernes sont généralement faits d'aluminium, de graphite, de fibre de verre ou d'autres matériaux composites, ce qui permet des tirs beaucoup plus puissants. Certains bâtons sont même conçus de manière à ce qu'il soit possible d'en remplacer la lame.

Suite de la page 23

1950-1959

Infos rapides

La Vie d'Arbitre

Le rôle des officiels a bien changé depuis l'époque où les arbitres sonnaient la cloche plutôt que de siffler, pour éviter que le métal froid d'un sifflet leur gèle les lèvres à l'extérieur ou dans une aréna mal chauffée.

Aujourd'hui, la LNH compte environ 45 arbitres et 35 juges de ligne à plein temps qui travaillent pendant les 1 230 matches de la saison, sans compter les matches hors saison, les séries éliminatoires et le match des étoiles organisé chaque année. Ils ont tous commencé au hockey mineur, comme joueurs ou comme officiels, et sont arrivés jusqu'à la LNH en passant par le hockey junior et les ligues professionnelles mineures nord-américaines.

Roy Alvin (Red) Storey, originaire de Barrie (Ontario), est probablement le plus célèbre arbitre de l'histoire de ce sport. Avec une douzaine d'autres arbitres et de juges de ligne, il est membre du Temple de la renommée du hockey.

Storey était un athlète aux multiples talents, un excellent joueur de hockey, de baseball, de football et de crosse. Il s'est d'abord fait connaître dans la Ligue canadienne de football, où il a remporté la coupe Grey en 1937 et 1938 avec les Argonauts de Toronto.

Mais il devint tout aussi célèbre comme arbitre de la LNH, où il est entré en 1950 pour revêtir l'uniforme traditionnel — chemise, cravate et chandail — des officiels. Ce n'est qu'en 1955, avec la télédiffusion des matches, que les arbitres ont adopté le chandail rayé noir et blanc que nous connaissons tous aujourd'hui, pour être plus visibles à la télévision.

Storey est resté actif dans le monde du hockey bien après avoir pris sa retraite en tant qu'arbitre en 1959; il a été longtemps commentateur à la radio et à la télévision, et a présenté pendant des décennies une multitude de conférences divertissantes à l'occasion de banquets d'organisations sportives de tout le Canada. Tous les Canadiens ont été touchés par son décès en mars 2006, à l'âge de 88 ans.

L'arbitre Red Storey (à droite), membre du Temple de la renommée, avait toujours les choses bien en main.
COLLECTION RED STOREY

Les années 1950 ont été marquées par des rivalités particulièrement farouches entre les équipes, qui jouaient l'une contre l'autre 14 fois par saison de 70 matches.

Il n'était pas rare de voir deux équipes disputer un match mouvementé un soir et prendre ensuite le train ensemble pour s'affronter de nouveau le lendemain. Dans ce climat chargé d'électricité, les bagarres n'étaient pas rares — un aspect du hockey que certains amateurs apprécient et que d'autres jugent déplorable.

Au Forum de Montréal, dans les années 1950, les partisans, assis ou debout, s'entassaient jusqu'au plafond, parfois même derrière des poteaux d'acier.
COLLECTION DE L'AUTEUR

Les arbitres et les juges de ligne gagnèrent le surnom de "zèbres" à cause des chandails rayés qu'ils ont commencé à porter en 1955 dans la LNH.

Des ouvreurs retiennent un partisan qui cherche à s'en prendre au président de la LNH, Clarence Campbell, le 17 mars 1955 au Forum. Quelques minutes plus tard, l'incroyable émeute Richard était en cours.
CLASSIC COLLECTIBLES

C'était la belle époque du Rocket, la grande vedette des Canadiens, qui a été mêlé à deux incidents violents au cours de la décennie.

En mars 1955, après avoir donné un coup de poing au juge de ligne Cliff Thompson au cours d'un duel au bâton avec Hal Laycoe, des Bruins de Boston, Richard a été suspendu par le président de la LNH, Clarence Campbell, pour les derniers matches de la saison régulière, qui se terminait, et toute la durée des éliminatoires.

L'incident était déjà assez déplorable, mais les partisans de Montréal n'allaient pas en rester là. Furieux d'apprendre la punition de Richard, ils ont déclenché une émeute au Forum le 17 mars, en présence de Campbell. La police a fait évacuer l'édifice, et les partisans se sont retrouvés dehors, où ils ont fait d'importants dégâts dans les rues. Montréal a dû concéder le match à Detroit.

L'entraîneur des Canadiens, Dick Irvin Sr, tient le contenant de gaz lacrymogène dont l'explosion a déclenché l'émeute au Forum.
COLLECTION DICK IRVIN JR.

AU FIL DU TEMPS

1956
Le grand Jean Béliveau, des Canadiens, est le premier joueur de hockey à paraître sur la couverture du magazine *Sports Illustrated*.

1954
Fred Sasakamoose devient le premier Canadien autochtone à 100% à jouer dans la LNH.

1952
Le premier réseau de télévision au Canada, la CBC, entre en ondes.

1950
Chacune des équipes doit avoir un gardien de relève dans les gradins, prêt à jouer si le gardien désigné est blessé ou malade.

1954
Les équipes s'entendent pour porter des uniformes de couleur quand elles sont à domicile et blancs quand elles jouent à l'extérieur de chez elles.

1951
L'enclave du gardien passe de 90 centimètres sur 2,1 mètres à 1,2 sur 2,4 mètres.

1956
Les joueurs ayant écopé d'une pénalité mineure sont autorisés à retourner sur la glace si l'autre équipe marque pendant leur pénalité.

Les Règles évoluent

Le commentateur René Lecavalier derrière son micro.
BIBLIOTHÈQUE ET ARCHIVES CANADA

Bernie (Boum Boum) Geoffrion sourit à un partisan durant un défilé de la coupe Stanley des Canadiens, dans les années 1950.
AVEC LA PERMISSION DE JUDITH TOPOLNISKI

Infos rapides

Le Hockey à la Télévision

Les années 1950 ont vu l'apparition du hockey à la télévision. L'annonceur René Lecavalier a été le premier à commenter les matches, en direct du Forum de Montréal. Il a été suivi peu après par Foster Hewitt, qui décrivait le déroulement des matches en anglais depuis le Maple Leaf Gardens de Toronto.

Les amateurs attendaient avec impatience *La Soirée du hockey — Hockey Night in Canada* en anglais — et planifiaient souvent toutes leurs activités de la semaine autour du match du samedi soir, qu'ils tenaient à regarder en famille.

Depuis 1980, Don Cherry, de Kingston (Ontario), un ancien entraîneur de la LNH, connaît une grande popularité à l'émission de langue anglaise. Dans ses interventions durant la première intermission, pendant le segment baptisé "Coach's Corner" qu'il anime depuis 1987 aux côtés de Ron MacLean, Cherry amuse les amateurs — et les fait parfois enrager — autant avec ses opinions à l'emporte-pièce qu'avec ses vestes et ses cravates colorées. Les amateurs l'adorent... ou adorent le détester, dans certains cas.

Peu de gens savent toutefois que Cherry a déjà joué dans la LNH avant de devenir entraîneur. Il a disputé un match à la défense avec les Bruins de Boston pendant la saison 1954–1955.

Le Rocket a perdu cette année-là son titre de meilleur marqueur, attribué à son coéquipier Bernie (Boum Boum) Geoffrion, ainsi surnommé en raison de la puissance foudroyante de son lancer frappé. Mais Richard était de retour l'année suivante, pour mener les Canadiens — une des équipes ayant connu le plus de victoires dans toute l'histoire de la LNH — à la première de cinq coupes Stanley successives.

Aucune autre équipe n'a jamais égalé cet exploit, et les Canadiens ont remporté la coupe 24 fois en tout.

Ron MacLean (à gauche) et Don Cherry dans le décor de "Coach's Corner", sur le plateau de télévision de *Hockey Night in Canada*.
HOCKEY NIGHT IN CANADA

1960-1969

Le hockey a connu des changements profonds pendant les années 1960. La LNH a alors fait passer le nombre de ses équipes de 6 à 12 pour la saison 1967–1968, dans un effort pour ouvrir de nouveaux marchés et attirer de nouveaux amateurs aux États-Unis. C'est à ce moment-là que les Kings de Los Angeles, les Seals d'Oakland, les North Stars du Minnesota, les Flyers de Philadelphie, les Penguins de Pittsburgh et les Blues de St. Louis se sont joints à la ligue.

L'arrivée d'équipes de la côte Ouest a mis fin aux interminables voyages en train qui amenaient les joueurs d'une ville à l'autre, souvent de nuit. Comme il faillait maintenant se déplacer sur tout le continent, l'avion devenait le seul moyen de transport possible.

La taille de la ligue et le mode de déplacement des équipes entre les matches n'étaient pas les seuls à changer: l'équipement se transformait aussi, et un nouveau type de bâton commençait à mener la vie dure aux gardiens.

Après avoir été fait pendant des années d'une lourde pièce de bois à lame plate, le bâton de hockey du milieu des années 1960 avait une lame nettement recourbée.

Bobby Hull et son coéquipier des Blackhawks de Chicago, Stan Mikita, ont été les premiers à imprimer une forte courbe à la lame de leurs bâtons, ce qui leur permettait de faire lever la rondelle très rapidement et de lui donner de l'effet pour rendre leurs lancers imprévisibles. Jusqu'en 1967, aucune règle de la LNH n'interdisait de courber les lames de plus de 3,75 centimètres, et les tirs foudroyants décochés par Hull, Mikita et les autres ont causé à bien des gardiens des cauchemars, des ecchymoses et des points de suture au visage.

Heureusement, Jacques Plante avait popularisé le masque protecteur. Les gardiens qui n'en portaient pas encore l'ont vite adopté.

Le jeune Bobby Hull, joueur vedette de Chicago surnommé le "Golden Jet", avec son fameux bâton courbé.
COLLECTION DE L'AUTEUR

Le coéquipier de Hull, Stan Mikita, qu'on voit ici devant le gardien Roger Crozier, de Detroit, a contribué lui aussi à la popularité du bâton courbé.
COLLECTION DE L'AUTEUR

AU FIL DU TEMPS

1961
Le Temple de la renommée du hockey ouvre ses portes à Toronto.

1966
Bobby Orr, sans doute le meilleur défenseur de l'histoire du hockey, signe un contrat de deux ans avec l'équipe de Boston pour 70 000 $, le salaire le plus élevé de la LNH.

1965
Le drapeau canadien — rouge et blanc, orné d'une feuille d'érable — est adopté, deux ans avant le centenaire du pays.

1964
Les contacts sont interdits à la mise au jeu.

1965
Les équipes doivent avoir deux gardiens en uniforme.

1967
La lame des bâtons des joueurs ne doit pas être courbée de plus de 3,75 centimètres, ce qui élimine les "lames banane". La courbe autorisée est abaissée à 2,5 centimètres en 1969, puis à 1,25 centimètre un an plus tard.

Les Règles évoluent

En 1965, le légendaire Jean Béliveau, capitaine des Canadiens, tient fièrement le trophée Conn Smythe (à gauche), attribué pour la première fois cette année-là au joueur le plus utile des séries, et la coupe Stanley.

Infos rapides

Un Peu Trop Près

Ce n'est que le 8 novembre 1963 que la LNH a aménagé un banc des punitions pour chacune des équipes. Cette innovation a vu le jour au Maple Leaf Gardens de Toronto, à l'occasion d'un match entre deux équipes éternellement rivales: les Maple Leafs et les Canadiens. Avant cela, les joueurs s'asseyaient côte à côte sur le même banc, même quand ils étaient punis pour s'être battus.

Il y avait cependant un joueur qui n'avait pas besoin de tirs imprévisibles ou de bâton exagérément courbé: c'était Jean Béliveau, le capitaine des Canadiens.

Grand, fort et patineur hors-pair, il se servait d'un bâton à l'ancienne mode, à la lame presque droite. C'était un excellent meneur de jeu, habile à manier le bâton, qui avait un tir du revers dangereux et pour qui les passes étaient aussi faciles que les buts.

Béliveau a remporté en 1965 le premier trophée Conn Smythe, décerné chaque année depuis au joueur le plus utile des séries éliminatoires.

Frank Mahovlich, de Toronto, apostrophe un partisan depuis le banc des punitions — juste à côté d'un joueur de Montréal — pendant un match du début des années 1960.

Glenn Hall, de Chicago (à droite), a introduit le style papillon (illustré à gauche) chez les gardiens de but. C'est aujourd'hui le style le plus populaire.

Dans les années 1960, les directeurs généraux ne formaient plus leurs équipes uniquement en fonction de l'endroit où un jeune hockeyeur habitait ou jouait. À partir de 1963, la LNH a adopté la pratique du "repêchage", qui consistait à dresser la liste de presque tous les joueurs amateurs admissibles dans la ligue et à donner les premiers choix aux équipes les plus faibles, qui pouvaient ainsi obtenir les joueurs les plus recherchés.

Cette pratique, qui existe toujours, permet aux équipes d'ajouter à leur alignement les jeunes joueurs les plus talentueux, ou encore d'échanger leurs futurs choix au repêchage pour inclure immédiatement dans leur équipe un joueur expérimenté.

Du côté des femmes, il n'y avait pas suffisamment de hockeyeuses à l'époque pour constituer des équipes, et encore moins pour organiser un repêchage. Le hockey féminin a mis du temps à se remettre de la Seconde Guerre mondiale, qui y avait mis fin temporairement. Mais au milieu des années 1960, l'Ontario et le Québec ont lancé des programmes de hockey féminin, et d'autres provinces ont suivi un peu plus tard.

Bobby Orr (à droite), âgé de 18 ans, capitaine de l'équipe de hockey junior des Generals d'Oshawa, célèbre une victoire en 1966 avec ses coéquipiers, Danny O'Shea (à gauche) et le gardien Ian Young.
BIBLIOTHÈQUE ET ARCHIVES CANADA

Infos rapides

On l'appelle "Mr. Goalie"

Le gardien Glenn Hall, qui s'est illustré de 1955 à 1971 avec les Red Wings de Detroit, les Blackhawks de Chicago et les Blues de St. Louis, avait presque toujours mal au cœur avant ses matches — ce que les autres joueurs interprétaient comme un signe de nervosité, mais qui était pour Hall la preuve qu'il était parfaitement prêt à jouer.

Mr. Goalie, comme on l'appelait, détient un record de la LNH qui ne sera sûrement jamais égalé: entre 1955 et 1962, il a disputé 502 matches de suite. En comptant les éliminatoires, le total atteint presque 552 matches, ce qui fait 33 135 minutes, ou plus de six saisons et demie — à raison de 82 matches par saison — sans une seule seconde hors de la patinoire.

Hall, originaire de Humboldt (Saskatchewan), a réussi environ 16 000 arrêts pendant tout ce temps et a remporté la coupe Stanley avec Chicago en 1961. Cette assiduité exceptionnelle a pris fin au 13ème match de la saison 1962–1963, quand il s'est blessé au dos en se penchant pour ajuster une courroie sur ses jambières. Il a dû quitter la patinoire à la deuxième période, incapable de jouer à cause de la douleur.

1970-1979

La Guerre Froide

Pendant une quarantaine d'années après la Seconde Guerre mondiale, de 1947 environ jusqu'à l'effondrement de l'Union soviétique et de ce qu'on appelait le Bloc de l'Est, en Europe de l'Est, le monde a vécu dans un état de "guerre froide".

Ce n'était pas une guerre traditionnelle, avec des armées et des chars qui s'affrontent, mais plutôt un conflit qui opposait l'Union soviétique et les États-Unis, de même que leurs alliés ou amis respectifs, dans les domaines de l'économie, de l'idéologie — c'est-à-dire le mode de gouvernement —, des politiques sociales et des sciences.

La tension qui régnait à cette époque se reflétait dans la Série du siècle de 1972, la série historique au cours de laquelle les hockeyeurs canadiens et soviétiques se sont affrontés pendant huit matches pleins de rebondissements.

Infos rapides

Un But en Chanson

Le but gagnant marqué par Paul Henderson dans le 8ème match en 1972, pendant la Série du siècle, a été tellement important qu'il s'est taillé une place dans une chanson enregistrée 26 ans plus tard par un groupe canadien appelé "The Tragically Hip". Dans la chanson intitulée "Fireworks", sur le disque Phantom Power, le chanteur Gordon Downie dit: "If there's a goal that everyone remembers it was back in ol' '72..." ("S'il y a un but dont tout le monde se souvient, c'est bien celui de 1972...")

En septembre 1972, tous les amateurs de hockey ne parlaient que d'une chose: la série historique entre les meilleurs joueurs des équipes canadiennes et un groupe de hockeyeurs russes.

La série, baptisée "Série du siècle", devait comprendre quatre matches au Canada, suivis de quatre à Moscou. Personne ne croyait que les Russes remporteraient un seul match — sauf les Russes eux-mêmes, évidemment.

La série, qui s'annonçait remplie d'émotion, opposait notre style de hockey, voire notre système de gouvernement et notre mode de vie, à celui des Soviétiques, régulièrement couronnés champions aux Olympiques et dans les autres compétitions internationales d'amateurs. La Série du siècle ressemblait en tous points à une guerre sur la glace.

Pierre Trudeau, alors premier ministre du Canada, a procédé à la mise au jeu officielle au Forum de Montréal, le 2 septembre 1972, pour donner le coup d'envoi à la série. Les adversaires se sont serré la main, ont échangé des épinglettes pour démontrer leur esprit sportif… et le Canada a marqué 30 secondes à peine après le début du match, enfilant ensuite un deuxième but alors que le chronomètre marquait 6 minutes 32 en première période. Mais les Russes ont fait front. Ils n'ont pas paniqué et ont mis à profit leur excellente forme physique pour remporter le premier match par la marque de 7 à 3. La défaite a été cuisante non seulement pour l'équipe canadienne, mais pour tout le pays.

Le premier ministre Pierre Trudeau procède à la mise au jeu officielle entre Phil Esposito, d'Équipe Canada (à droite), et le Soviétique Vladimir Starshinov.
DENIS BRODEUR

Peu importe l'intensité de ce qui se passe sur la patinoire pendant l'historique Série du siècle, les joueurs se serrent la main à la fin de chaque match, comme ici à Moscou.
DENIS BRODEUR

Le Canada s'est repris avec une victoire de 4 à 1 deux jours plus tard, à Toronto, puis un match nul de 4 à 4 lors du troisième match, à Winnipeg (Il n'y avait pas de période de prolongation au hockey lors de cette série). Il a toutefois perdu le quatrième match, à Vancouver, par la marque de 5 à 3.

La série s'est ensuite déplacée à Moscou après une pause de deux semaines, et les Russes ont remporté le cinquième match par la marque de 5 à 4. Les joueurs du Canada devaient absolument gagner les trois matches suivants pour être couronnés champions — une tâche pratiquement impossible, mais dont ils se sont acquittés grâce à des victoires de 3 à 2, 4 à 3 et 6 à 5.

Paul Henderson, des Maple Leafs de Toronto, est devenu un héros national en enfilant le but victorieux lors des deux derniers matches — à seulement 34 secondes de la fin dans le huitième match.

Le héros d'Équipe Canada, Paul Henderson, célèbre son but gagnant à l'issue du huitième match en sautant dans les bras de son coéquipier Yvan Cournoyer (no 12), devant le gardien soviétique Vladislav Tretiak, par terre, et ses deux défenseurs très déçus.
DENIS BRODEUR

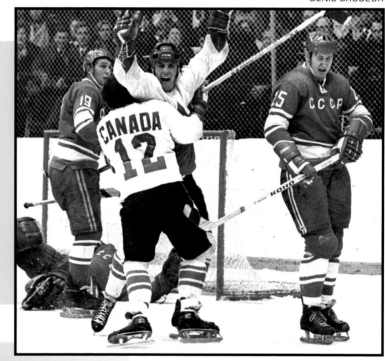

AU FIL DU TEMPS

1977
Le nom des joueurs de la LNH doit être indiqué sur leur chandail.

1976
Le Canada abolit la peine de mort.

1972
Le Canada remporte une victoire historique sur l'Union soviétique pendant la Série du siècle.

1970
L'équipe locale porte un chandail blanc, et l'équipe en visite, un chandail de couleur.

1976
Tout joueur considéré comme étant l'instigateur d'une bagarre écopera d'une pénalité majeure et d'une inconduite de match.

1979
Tous les joueurs qui entrent dans la LNH doivent porter un casque.

Les Règles évoluent

Le suspense se dissipe à 34 secondes de la fin

Le Devoir, 29 septembre 1972

Le gardien Gerry Cheevers, de St. Catharines (Ontario), qui a remporté deux coupes Stanley avec les Bruins de Boston en 1970 et 1972, dessinait des points de suture sur son masque aux endroits où il avait reçu la rondelle, pour montrer où il aurait été coupé au visage s'il n'avait pas porté de masque. Il est membre du Temple de la renommée du hockey.
CLASSIC COLLECTIBLES

D'autres hockeyeurs canadiens se sont également illustrés au cours de la décennie. L'avant Phil Esposito — joueur de premier plan de l'équipe canadienne au cours de la Série du siècle — et le défenseur Bobby Orr, tous deux originaires de l'Ontario, ont mené les Bruins de Boston à deux coupes Stanley pendant les années 1970. Orr est de loin le meilleur défenseur de sa génération, sinon de tous les temps. Le plus étonnant est qu'il a passé la majeure partie de sa carrière de 11 ans à la LNH avec un genou gauche en très mauvais état, ce qui l'a obligé à subir des opérations chirurgicales à répétition.

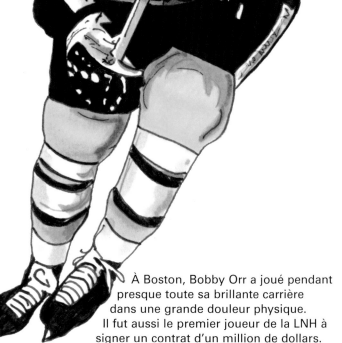

À Boston, Bobby Orr a joué pendant presque toute sa brillante carrière dans une grande douleur physique. Il fut aussi le premier joueur de la LNH à signer un contrat d'un million de dollars.

Infos rapides

"The Hockey Song"

Il y a une grande chanson country que les amateurs de hockey ne peuvent pas s'empêcher de chantonner. Elle s'intitule "The Hockey Song" et elle a été écrite par Stompin' Tom Connors, de Saint John (Nouveau-Brunswick), qui l'a enregistrée pour la première fois en 1973.

Il a fallu près de 20 ans pour qu'elle devienne populaire, quand les Sénateurs d'Ottawa ont commencé à la faire jouer pendant leurs matches à domicile. Pat Burns, un grand amateur de musique country qui était alors entraîneur des Maple Leafs de Toronto, a ensuite insisté pour que son équipe la fasse jouer aussi.

Elle s'est bientôt répandue comme une traînée de poudre, et on ne peut plus assister à un match de hockey de la LNH sans l'entendre.

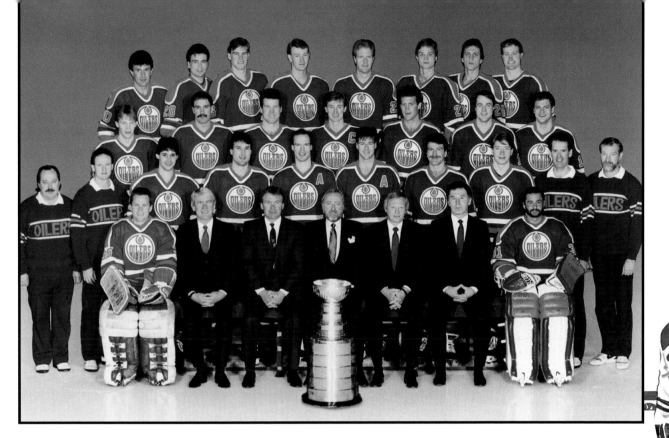

Les Oilers d'Edmonton, une des meilleures équipes des années 1980, ont remporté la coupe Stanley à cinq reprises.
HOCKEY ONLINE

Après avoir gardé le filet des Canadiens, le gardien Ken Dryden a été élu membre du Temple de la renommée du hockey, puis député libéral à la Chambre des communes, à Ottawa.

La LNH n'avait pas eu de concurrence sérieuse depuis ses débuts en 1917, mais la situation a changé en 1972, quand deux promoteurs américains ont créé l'Association mondiale de hockey, qui comptait 12 équipes, dont des équipes canadiennes à Edmonton, Winnipeg, Toronto, Ottawa et Québec.

Mais, à peine quelques années plus tard, l'AMH connaissait des difficultés financières. Il était question qu'elle fusionne avec la LNH, ce qui s'est finalement réalisé à la fin de la saison 1978–1979, sept ans après ses débuts. Les Nordiques de Québec, les Whalers de Hartford, les Jets de Winnipeg et les Oilers d'Edmonton se sont joints à la LNH pour la saison 1979–1980.

L'équipe d'Edmonton comptait un petit joueur de 18 ans, originaire de Brantford (Ontario), qui avait récolté 8 ans plus tôt 378 buts et 139 aides en une même saison au hockey mineur — un exploit exceptionnel. Ce joueur s'appelait Wayne Gretzky.

Il avait dominé l'AMH grâce à son jeu brillant, et le monde du hockey se demandait si ce jeune homme serait aussi efficace dans la LNH. L'avenir allait le prouver.

Infos rapides

De la Patinoire à la Politique

De nombreux joueurs de la LNH se sont intéressés à la politique après ou même pendant leur carrière sur la patinoire. Ken Dryden, par exemple, ancien gardien des Canadiens de Montréal, a été élu député au Parlement fédéral, pour le Parti libéral, en 2004 et 2006. Son ancien coéquipier Frank Mahovlich, qui a aussi été un joueur vedette des Maple Leafs de Toronto, a quant à lui été nommé sénateur en 1998.

D'autres joueurs, comme Syl Apps, Howie Meeker, Bucko McDonald, Lionel Conacher, Red Kelly, Bill Hicke, et Dick Duff, ont aussi tenté leur chance en politique.

On se souviendra toujours de Wayne Gretzky pour ses exploits formidables avec les Oilers d'Edmonton, et en particulier pour ses records de 92 buts en 1981–1982 et de 163 aides en 1985–1986.

Wayne Gretzky allait réécrire complètement le livre des records de la LNH au cours d'une carrière qui s'est étendue sur deux décennies.

Gretzky fut l'un des plus grands joueurs de son temps, notamment grâce à son talent particulier pour se trouver non pas où était la rondelle, mais où elle allait être.

Surnommé très tôt "The Great One" — "Le Grand" —, il détient presque tous les records de marqueur de la LNH. Il a reçu le trophée Hart neuf fois comme joueur le plus utile de la ligue, et le trophée Art Ross dix fois à titre de meilleur marqueur. Il a aussi mérité à cinq reprises le trophée Lady Byng, attribué au joueur le plus courtois de la ligue.

Le 24 février 1980, Gretzky devenait le premier joueur de la LNH à marquer 100 points en une saison avant l'âge de 20 ans. Il lui avait fallu seulement 61 matches pour y arriver.

Gretzky a mené les Oilers d'Edmonton à quatre coupes Stanley au milieu des années 1980. Il a pris sa retraite en 1999, avec 894 buts en 1 487 matches de saison régulière et 122 autres en 208 parties éliminatoires.

L'échange qui l'avait envoyé chez les Kings de Los Angeles, le 9 août 1988, avait fait la une de tous les journaux canadiens et de nombreux journaux américains.

Pendant ses huit saisons à Los Angeles, Gretzky a amené au hockey toute une nouvelle génération d'amateurs américains et suscité au sud de nos frontières un intérêt dont la LNH avait bien besoin.

Mark Messier, un joueur intense surnommé "Moose", fut l'âme des Oilers pendant bien des années.
CP IMAGES/Ryan Remiorz

Bien des gardiens des années 1970 et 1980 étaient terrorisés quand ils voyaient Guy Lafleur, des Canadiens, se précipiter vers eux.

Gordie Howe (en bas à gauche) est entré dans l'histoire en jouant avec ses fils, Marty et Mark, pour les Aeros de Houston, dans l'AMH, et les Whalers de Hartford, dans la LNH.
HOCKEY ONLINE

D'autres excellents joueurs ont aussi réalisé, dans les années 1980, des exploits importants parfois éclipsés par les performances de Gretzky.

Bryan Trottier, par exemple, né d'une mère irlandaise et d'un père cri/chippewa à Val Marie (Saskatchewan), a mené les Islanders de New York à quatre coupes Stanley de suite, entre 1980 et 1983, en compagnie du Montréalais Mike Bossy, un des marqueurs les plus talentueux de l'histoire du hockey.

Guy Lafleur, de Thurso (Québec), a continué de son côté à faire des merveilles avec les Canadiens, pour qui il avait été brillant tout au long des années 1970. Surnommé "Flower" — la traduction anglaise de Lafleur —, il était un patineur électrisant, avec ses longs cheveux flottant derrière lui pendant ses échappées à l'aile droite. Il a marqué 560 buts au cours de ses 1 127 matches dans la LNH et, pendant ses 13 saisons avec les Canadiens, l'équipe n'a jamais raté les séries éliminatoires.

Plusieurs autres joueurs exceptionnels se sont illustrés pendant "l'ère Gretzky", entre autres ses coéquipiers Mark Messier, Jari Kurri et Paul Coffey. Il faut aussi mentionner Marcel Dionne à Los Angeles, Peter Stastny à Québec, Dale Hawerchuk à Winnipeg, Raymond Bourque à Boston, et enfin Doug Gilmour, un joueur acharné et robuste qui n'avait pas froid aux yeux et qui a joué pour sept équipes de la LNH durant sa carrière. Les partisans l'adoraient… du moment qu'il jouait pour leur équipe!

Infos rapides

Tel Père, Tels Fils

Le légendaire Gordie Howe, de Floral (Saskatchewan), membre du Temple de la renommée du hockey, a écrit une page d'histoire le 9 mars 1980, à l'âge de 51 ans, en jouant quelques minutes sur la même ligne que ses fils, Marty (26 ans) et Mark (24 ans), avec les Whalers de Hartford. C'était la première fois — et sans aucun doute la dernière — qu'un père et ses deux fils évoluaient ensemble dans un match de la LNH.

AU FIL DU TEMPS

1981
Les bâtons d'aluminium font leur apparition dans la LNH.

1984
Marc Garneau devient le premier Canadien dans l'espace.

1980
Gordie Howe, Bobby Hull et Stan Mikita, légendes de la LNH, prennent leur retraite.

1988–89
Mario Lemieux marque 199 points au cours de la saison.

1981
Si les deux gardiens d'une équipe sont blessés ou incapables de jouer pour une autre raison, l'équipe peut faire appel à n'importe qui d'autre pour garder le filet.

1982
Les équipes doivent se composer de 18 patineurs et 2 gardiens.

1983
En cas d'égalité en saison régulière, les matches sont suivis d'une période de prolongation de cinq minutes qui se termine dès qu'un but est marqué.

Les Règles évoluent

Infos rapides

Le Hockey sur Luge

Le hockey sur luge est un sport rapide et excitant, auquel participent des athlètes qui ne peuvent pas jouer au hockey traditionnel à cause d'une incapacité physique au niveau des membres inférieurs.

Les règles sont essentiellement les mêmes que pour le hockey sur glace — il s'agit d'envoyer la rondelle dans le filet adverse —, mais elles sont appliquées différemment. Les six joueurs de chaque équipe, y compris le gardien, sont attachés à un cadre de métal posé sur deux lames de patins ordinaires. Ils se servent de deux bâtons munis d'une pointe à une extrémité, pour se déplacer sur la glace, et d'une lame à l'autre extrémité pour lancer la rondelle.

Ce jeu a été inventé en 1961 par trois athlètes suédois en fauteuils roulants. Depuis 1994, il est une des attractions les plus populaires des Jeux paralympiques d'hiver, une grande compétition internationale qui réunit des athlètes handicapés après chaque édition des Olympiques d'hiver.

Le hockey sur luge est pratiqué tant par les femmes que par les hommes, mais seuls les hommes participent aux compétitions paralympiques. L'équipe canadienne a raflé l'or en 2006, aux Jeux paralympiques de Turin, en Italie, l'argent en 1998 et le bronze en 1994. Le Canada a également remporté le championnat du monde en 2000.

Jean Labonté, Hervé Lord et Shawn Matheson, d'Équipe Canada, médaillés d'or en hockey sur luge aux Jeux paralympiques de Turin, en Italie, en 2006.
HOCKEY CANADA

Les années 1980 se sont terminées sur un quasi-record de Mario Lemieux, des Penguins de Pittsburgh, qui a accumulé 199 points en 1988–1989. Personne n'était passé aussi près d'égaler les prouesses de Wayne Gretzky, qui avait à son actif 4 saisons de 205 points ou plus au cours de la décennie.

Lemieux, originaire de Montréal, était capitaine des Penguins au moment où ceux-ci ont remporté leur première coupe Stanley, en 1991. Arrivé à Pittsburgh sept ans plus tôt, il parlait alors à peine l'anglais, et pourtant c'est sur lui qu'on comptait pour mener l'équipe américaine à la victoire avec le grand talent que tous lui reconnaissaient.

Mais "Super Mario", comme on le surnommait, allait bientôt devoir relever un défi nettement plus difficile. En 1993, il a réussi à vaincre un adversaire bien plus coriace que tous les patineurs du monde: un cancer des ganglions lymphatiques appelé "maladie de Hodgkin". Source d'inspiration pour d'autres cancéreux, Lemieux a fait de nombreuses visites dans les hôpitaux pour rencontrer des enfants malades.

Au même moment, un autre Québécois faisait parler de lui dans la LNH… ou plutôt une Québécoise. Personne n'aurait pu dire qu'une femme se cachait derrière le masque du gardien du Lightning de Tampa Bay lors d'un match hors saison contre les Blues de St. Louis en septembre 1992, mais Manon Rhéaume, de Lac Beauport (Québec), entra dans l'histoire comme la première femme à participer à un match entre deux équipes de la LNH.

AU FIL DU TEMPS

1999
Le grand Wayne Gretzky prend sa retraite.

1998
Une terrible tempête de verglas prive des millions de personnes d'électricité en Ontario et au Québec.

1994
Le Parlement adopte une loi qui fait du hockey le sport d'hiver national du Canada.

1991
Les reprises vidéo aident les arbitres à décider s'il y a ou non un but en cas de doute.

1999
Les équipes jouent en prolongation avec quatre patineurs et un gardien pour les matches de la saison régulière.

Le but ne compte pas si un des joueurs de l'équipe offensive a un patin dans la boîte du gardien.

Les Règles évoluent

Manon Rhéaume a remporté une médaille d'argent pour le Canada aux Jeux olympiques de 1998 à Nagano, au Japon. Six ans plus tôt, elle avait participé à un match hors-concours dans la LNH.
CP IMAGES/COC

En 1990, les femmes ont participé à Ottawa à leur premier championnat mondial, et les Canadiennes ont battu les Américaines à l'issue de cette rencontre historique.

En 1998, les joueurs de la LNH ont pu participer aux Jeux olympiques de Nagano, au Japon. La République Tchèque a remporté le tournoi chez les hommes, tandis que les Américaines gagnèrent la médaille d'or chez les femmes, semant la consternation chez tous les Canadiens.

Cette participation aux Olympiques a été l'un des grands moments de cette décennie, assombrie un peu plus tôt par un conflit de travail qui avait entraîné l'annulation de 468 matches de la LNH pendant la saison 1994–1995. Les propriétaires des équipes de la ligue ont mis les joueurs en lock-out pendant 104 jours, incapables de s'entendre avec eux sur un contrat acceptable pour les deux parties.

Le "plafond salarial" — le montant maximum que chaque équipe pouvait verser à ses joueurs — était un des sujets de discorde. Dix ans plus tard, la même question devait entraîner l'annulation de toute la saison 2004–2005.

Les années 1990 ont offert aux amateurs le spectacle de joueurs plus rapides et plus robustes, dont de nombreux Européens arrivés en Amérique du Nord avec leur vitesse et leur talent. Le hockey européen favorise le patinage, et il se joue sur une surface de 60 mètres de longueur sur 30 mètres de largeur, 4,5 mètres de plus que la largeur des patinoires de la LNH.

Les équipes de la LNH ont aussi commencé à embaucher des coordonnateurs chargés d'améliorer la force et la forme physique de tous leurs joueurs.

Le gardien du Colorado, Patrick Roy, debout devant ses filets, entouré de dizaines de rats de caoutchouc lancés par des partisans de la Floride.
CP IMAGES/Rick Bowmer

Avalanche de **Rats** en Floride

Le 8 octobre 1995, un rat qui traversait le vestiaire des Panthers de la Floride a été exterminé d'un coup de bâton par Scott Mellanby, originaire de Montréal. Ce soir-là, Mellanby a marqué deux buts, et le gardien des Panthers, John Vanbiesbrouck, a déclaré en plaisantant qu'il avait en fait atteint la cible trois fois dans sa soirée.

L'histoire s'est répandue, et les partisans ont bientôt pris l'habitude de lancer des rats de caoutchouc sur la glace chaque fois que les Panthers marquaient. Au début des éliminatoires, plus de 2 000 rats étaient ainsi projetés des gradins, et le gardien de l'équipe adverse devait parfois se réfugier dans son filet pour éviter de se faire bombarder.

Infos rapides

C'est en 1945 qu'on a commencé à utiliser le terme **"tour du chapeau"** lorsqu'un joueur marquait trois buts au cours d'un même match. Dans les années 1940, un tailleur torontois a annoncé qu'il ferait cadeau d'un chapeau neuf aux joueurs des Maple Leafs qui réussiraient à marquer trois buts en un seul match. Depuis, les spectateurs lancent des chapeaux sur la patinoire quand un membre de l'équipe locale marque trois fois. Les chapeaux sont généralement donnés à des organisations de bienfaisance.

Infos rapides

Les Sénateurs d'Ottawa de retour dans la LNH

Bien des amateurs de hockey ne se rendent pas compte aujourd'hui que les Sénateurs d'Ottawa ont déjà été champions de la LNH. Ils ont remporté la coupe Stanley en 1920, 1921, 1923 et 1927. Ils ont cependant manqué d'argent pendant la Grande Dépression des années 1930 et ont pris congé pendant une saison, en 1931–1932; ils se sont installés ensuite à St. Louis, où ils ont pris le nom d'Eagles, après la saison 1933–1934. L'équipe qui était entrée dans l'histoire le 11 février 1922 en inscrivant le premier match nul de l'histoire de la ligue contre Toronto a cessé ses opérations après une autre saison seulement. Les Sénateurs étaient de retour pour la saison 1992–93, après avoir payé 50 millions de dollars pour obtenir une nouvelle franchise de la LNH.

Patrick Roy, né à Québec, super vedette des Canadiens de Montréal et de l'Avalanche du Colorado, prit sa retraite en 2003 en conservant les records de gardien de but de la LNH pour le nombre de victoires de sa carrière (661), de matches disputés (1 029), de victoires en séries éliminatoires (161), et de matches disputés en séries éliminatoires (247).
LNH

La ligue a aussi eu son lot de super vedettes — étoiles montantes ou déjà bien établies — pendant les années 1990. Des joueurs comme Brett Hull, Steve Yzerman, Jaromir Jagr et Joe Sakic, ainsi que les gardiens Patrick Roy, Martin Brodeur et Dominik Hasek ont brillé tout au long de la décennie.

Ces joueurs, comme des centaines d'autres, ont aussi fait leur entrée dans les foyers des amateurs grâce à de nouvelles séries de cartes de hockey et à des dizaines de jeux d'ordinateur.

Les Canadiens pouvaient désormais compter aussi sur l'internet, apparu à cette époque, pour suivre leurs équipes favorites – ce que lord Stanley n'avait sûrement jamais envisagé 100 ans plus tôt.

En 1999, le grand Gretzky a quitté les Rangers de New York, sa quatrième équipe, et accroché ses patins pour de bon. Quand il a mis fin à sa carrière, la LNH a annoncé qu'aucun autre joueur, dans aucune équipe, ne porterait plus le numéro 99 qu'il avait rendu célèbre.

Mais Gretzky n'avait pas complètement dit adieu au hockey. Il devait bientôt y revenir comme directeur général de l'équipe masculine qui a remporté la médaille d'or pour le Canada aux Jeux olympiques de 2002 à Salt Lake City, la Coupe du monde de hockey, puis comme copropriétaire et entraîneur d'une équipe de la LNH, les Coyotes de Phoenix.

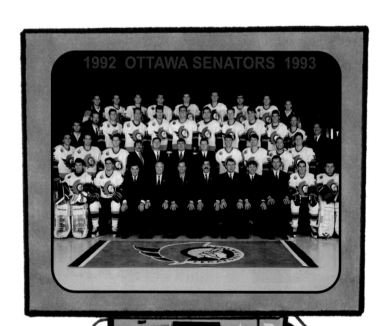

L'internet permet aux amateurs de suivre le hockey plus facilement que jamais. Ils ont ainsi pu s'intéresser à la saison 1992–1993 des Sénateurs d'Ottawa, de retour dans la LNH après une absence de près de 60 ans.
HOCKEY ONLINE

Les Années 2000

L'équipe masculine canadienne, constituée par Wayne Gretzky, a remporté l'or aux Olympiques de Salt Lake City, en 2002, grâce à une victoire de 5 à 2 sur les États-Unis. C'était la première fois depuis 50 ans que le Canada raflait l'or aux Olympiques.

Trois jours plus tôt, les Canadiennes avaient également battu les Américaines 3 à 2 pour la médaille d'or — douce revanche pour l'équipe féminine qui avait dû concéder la victoire aux Américaines à Nagano, en 1998. L'équipe comptait d'excellentes joueuses d'expérience, comme la capitaine Cassie Campbell, Thérèse Brisson, Danielle Goyette et Geraldine Heaney.

On a appris plus tard que l'homme qui était chargé de confectionner la glace à l'aréna de hockey de Salt Lake — Trent Evans, d'Edmonton — avait déposé un "huard" canadien sous la glace, au centre de la patinoire. Cette pièce d'un dollar, considérée comme un porte-bonheur pour les équipes canadiennes, est aujourd'hui exposée au Temple de la renommée à Toronto.

Infos rapides

Le Canada Domine la LNH

Malgré l'humiliante défaite de l'équipe masculine canadienne aux Olympiques de Turin, les Canadiens peuvent quand même être fiers d'une statistique impressionnante: sur les 710 joueurs qui ont participé aux matches d'ouverture de la saison 2005–2006 de la LNH, 371 — soit 52,3 % — étaient canadiens. Même si ce pourcentage est moins élevé que les 78,3 % enregistrés en 1983–1984, à une époque où la ligue comptait beaucoup moins de joueurs nés aux États-Unis ou en Europe, le Canada demeure le pays qui fournit le plus grand nombre de joueurs à la ligue.

Caroline Ouellette (à gauche) et Kim Saint-Pierre, d'Équipe Canada, célèbrent leur médaille d'or aux Jeux olympiques d'hiver 2006, à Turin.
CP IMAGES / Gene J. Puskar

AU FIL DU TEMPS

2005
Michaëlle Jean devient la 27ème gouverneure générale du Canada — la 21ème depuis lord Stanley of Preston.

2004–05
La LNH annule toute la saison à cause d'un conflit de travail.

2003
Le premier match extérieur de l'histoire de la LNH, baptisé "la Classique Héritage", attire 57 167 spectateurs au stade du Commonwealth d'Edmonton, malgré une température de −30°C.

2000
Il doit y avoir deux arbitres présents pour chaque match.

2003
Les équipes locales recommencent à porter l'uniforme de couleur, laissant les chandails blancs aux visiteurs.

2005
Des tirs de barrage servent à déterminer l'issue des matches s'il y a égalité après la période de prolongation, la largeur des jambières passe de 30,4 à 27,9 centimètres, et la ligne rouge est éliminée pour l'application du règlement qui interdit les passes franchissant deux lignes.

Les Règles évoluent

Derrière le Banc

En général, c'est l'entraîneur qui assure le succès d'une équipe de hockey. Sans stratégie intelligente appliquée par des trios efficaces, sous la direction d'un entraîneur qui possède l'expérience et le talent requis pour planifier l'attaque, faire les changements nécessaires pendant le match et motiver ses joueurs, aucune équipe ne peut aspirer à devenir championne.

Dans la LNH, l'entraîneur William Scott (Scotty) Bowman a remporté neuf coupes Stanley. Il est le seul entraîneur professionnel nord-américain, au baseball, au basket-ball, au football ou au hockey, à avoir remporté des championnats avec trois équipes différentes.

Bowman a gagné 1 244 matches en saison régulière, et 243 autres en séries éliminatoires, pendant plus de 30 ans comme entraîneur pour cinq équipes de la LNH. Il a remporté cinq coupes Stanley derrière le banc des Canadiens de Montréal dans les années 1970, une avec les Penguins de Pittsburgh en 1992, et trois autres avec les Red Wings de Detroit, en 1997, 1998 et 2002, avant de prendre sa retraite.

Autrefois, les entraîneurs travaillaient seuls. Il leur arrivait même d'agir comme directeur général de leur équipe, pour recruter les joueurs et signer des contrats avec eux. Le hockey a connu beaucoup de grands entraîneurs: Dick Irvin Sr, à Toronto, Montréal et Chicago, Toe Blake, à Montréal, Punch Imlach, à Toronto, Jack Adams, à Detroit — qui a donné son nom au prix Jack Adams attribué depuis 1974 au meilleur entraîneur de la LNH —, et Billy Reay, à Chicago.

Le travail d'entraîneur est maintenant une science à tous les niveaux. Les entraîneurs de la LNH sont entourés aujourd'hui de plusieurs assistants, dont certains travaillent même dans la tribune de la presse, d'où ils communiquent avec le banc des joueurs par walkie-talkie. Ils peuvent aussi profiter des enregistrements vidéo et de la télévision par satellite pour voir jouer les autres équipes et planifier leurs stratégies.

Les hommes et les femmes qui sont entraîneurs au hockey mineur doivent suivre des cours spéciaux pour apprendre toutes les subtilités du hockey. La grande majorité d'entre eux sont des bénévoles, qui travaillent avec des jeunes simplement pour l'amour de ce sport et pour le plaisir d'aider les joueurs qui leur sont confiés.

Avec la présence des femmes aux Olympiques, le hockey féminin a commencé à susciter un intérêt sans précédent au Canada. Les équipes se sont multipliées dans toutes les provinces et tous les territoires, offrant aux petites filles et aux femmes des occasions plus nombreuses de jouer au hockey. Et, en 2005, à la veille de sa retraite, la gouverneure générale Adrienne Clarkson a créé la coupe Clarkson, un trophée devant être remis chaque année pour reconnaître l'excellence dans le hockey féminin.

Du côté de la LNH, on a fêté en 2000 le retour d'un des joueurs les plus talentueux de la ligue. Mario Lemieux a remis ses patins en décembre, après avoir quitté la ligue en 1997 et été élu au Temple de la renommée. Il a joué un rôle important dans la victoire olympique d'Équipe Canada à Salt Lake City; il a aussi acheté les Penguins de Pittsburgh et est devenu, comme capitaine de l'équipe, le meilleur avant de la ligue.

À Montréal, le capitaine des Canadiens Saku Koivu allait bientôt se battre à son tour contre le cancer. Comme Lemieux, il allait lui aussi retourner sur la glace plus fort que jamais comme hockeyeur, pour mener l'équipe la plus victorieuse de l'histoire de la LNH, qui commençait à ce moment-là à se reconstruire pour l'avenir.

Au début de la décennie, les salaires de bien des joueurs de la LNH ont commencé à dépasser même leurs rêves les plus fous. En 2003–2004, le salaire moyen des joueurs de la ligue était de 1 830 126 $ — un million de plus qu'en 1994 —, ce qui devenait de plus en plus lourd pour les propriétaires d'équipe.

En comparaison, le salaire de tous les joueurs combinés, dans chacune des équipes de la LNH, ne pouvait pas dépasser 35 000 $ en 1925. En 1933, ce plafond salarial s'élevait à 62 500 $, et aucun joueur ne pouvait gagner plus de 7 000 $.

Scotty Bowman est l'entraîneur le plus victorieux de l'histoire de la LNH, en gagnant neuf coupes Stanley avec trois équipes différentes. On le voit à droite avec l'équipe junior des Royals de Montréal, pour laquelle il s'est illustré dans les années 1950.
LNH; COLLECTION DE L'AUTEUR

Super Mario, ralenti par des blessures répétées, a pris sa retraite pour de bon à la fin de janvier 2006, à l'âge de 40 ans.

Le Devoir, 15 septembre 2004

Un conflit qui sera long

La Ligue nationale décrétera un lock-out ce soir, à minuit

L'annulation de la saison 2004–2005 a fâché et peiné les amateurs de hockey.

Le 16 septembre 2004, incapables de s'entendre avec leurs joueurs sur les salaires à leur verser, les propriétaires ont décrété un lock-out pour la deuxième fois en dix ans. Le lock-out a duré 301 jours et entraîné l'annulation de 1 230 matches — la saison 2004–2005 toute entière.

Pour gagner de l'argent et se maintenir en forme au cas où le conflit prendrait fin soudainement, près de 400 joueurs de la LNH se sont joints aux équipes de 19 ligues européennes.

Après des mois de négociations, la LNH et les joueurs se sont finalement entendus le 22 juillet 2005 sur une convention collective d'une durée de six ans.

Ce nouveau contrat prévoyait en particulier un plafond salarial, ce qui signifiait que, pour la première année, le salaire total des équipes ne devait pas dépasser 39 millions de dollars (américains). Aujourd'hui, le joueur le moins payé de la LNH gagne 450 000 $ (américains) par année — près de 13 fois le montant que les équipes étaient autorisées, en 1925, à verser à tous leurs joueurs réunis —, tandis que le joueur le mieux payé touche un salaire annuel de 7,8 millions.

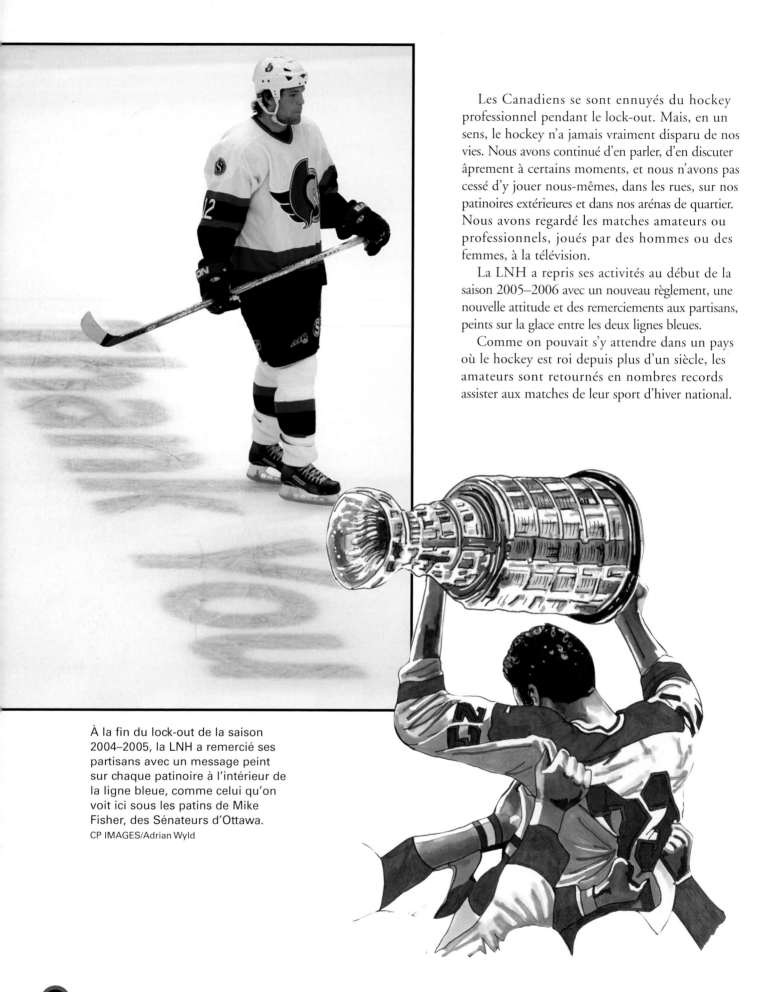

Les Canadiens se sont ennuyés du hockey professionnel pendant le lock-out. Mais, en un sens, le hockey n'a jamais vraiment disparu de nos vies. Nous avons continué d'en parler, d'en discuter âprement à certains moments, et nous n'avons pas cessé d'y jouer nous-mêmes, dans les rues, sur nos patinoires extérieures et dans nos arénas de quartier. Nous avons regardé les matches amateurs ou professionnels, joués par des hommes ou des femmes, à la télévision.

La LNH a repris ses activités au début de la saison 2005–2006 avec un nouveau règlement, une nouvelle attitude et des remerciements aux partisans, peints sur la glace entre les deux lignes bleues.

Comme on pouvait s'y attendre dans un pays où le hockey est roi depuis plus d'un siècle, les amateurs sont retournés en nombres records assister aux matches de leur sport d'hiver national.

À la fin du lock-out de la saison 2004–2005, la LNH a remercié ses partisans avec un message peint sur chaque patinoire à l'intérieur de la ligne bleue, comme celui qu'on voit ici sous les patins de Mike Fisher, des Sénateurs d'Ottawa.
CP IMAGES/Adrian Wyld

QUIZ

VINGT QUESTIONS

Voyons si tu as prêté attention à ce que tu as lu.
Les réponses à toutes les questions ci-dessous se trouvent dans le livre.

1. À qui le trophée de hockey donné par le sixième gouverneur général du Canada, lord Stanley of Preston, était-il attribué dans les premières années?

2. D'après la plupart des sources, dans quelle ville le hockey est-il probablement né?

3. Où les règles du hockey ont-elles été publiées pour la première fois?

4. Qui a eu l'idée de mettre un filet dans les buts?

5. De quel sport étaient inspirées les premières jambières des gardiens de but?

6. Quelle a été la première équipe championne de la Ligue nationale de hockey?

7. Pourquoi les séries éliminatoires de la coupe Stanley ont-elles été annulées en 1919?

8. En quelle année le hockey a-t-il fait son apparition aux Jeux olympiques?

9. Combien coûtait en 1927–1928 le billet le plus cher pour voir un match de la LNH?

10. Quel annonceur de hockey canadien-français est devenu célèbre pour avoir crié "Il lance… Et compte!" après un but?

11. Comment s'appelait le centre qui jouait avec Maurice (Rocket) Richard, dans les années 1940, sur la célèbre "Punch Line" des Canadiens de Montréal?

12. Sur quels objets les premières cartes de hockey étaient-elles imprimées?

13. Qui a été la première personne à garder les buts avec un masque?

14. Pourquoi le hockey féminin a-t-il à peu près disparu au Canada pendant 25 ans?

15. Aux Olympiques d'hiver 2002 à Salt Lake City, le fabricant de glace Trent Evans, d'Edmonton, a déposé sous la glace, au centre de la patinoire, un objet porte-bonheur qui, d'après certains, aurait aidé les équipes masculine et féminine du Canada à remporter la médaille d'or. Quel était cet objet?'

16. Qui a été la première femme à participer à un match entre deux équipes de la LNH?

17. Quel est le chanteur canadien qui a enregistré "The Hockey Song", une chanson entraînante jouée dans toutes les arénas de la LNH?

18. Comment s'appelle le joueur canadien devenu le héros du huitième match pendant la Série du siècle qui a opposé le Canada à l'Union soviétique en 1972?

19. Quels objets utilisait-on parfois comme "rondelles" dans les premières années du hockey?

20. Mario Lemieux, des Penguins de Pittsburgh, et Saku Koivu, des Canadiens de Montréal, sont tous les deux retournés au hockey après avoir été traités pour une maladie. Laquelle?

RÉPONSES

1. À la meilleure équipe d'amateurs au Canada 2. À Montréal (Québec) 3. Dans un journal, la *Gazette de Montréal* 4. Deux gardiens 5. Le cricket 6. Les Arénas de Toronto 7. À cause de l'épidémie de grippe espagnole 8. En 1920 9. 3,50 $ 10. René Lecavalier 11. Elmer Lach 12. Sur les paquets de cigarettes 13. Elizabeth Graham 14. À cause de la Seconde Guerre mondiale 15. Une pièce d'un dollar 16. Manon Rhéaume 17. Stompin' Tom Connors 18. Paul Henderson 19. Des boîtes de conserve aplaties, des balles en caoutchouc, des fruits congelés, des rondelles de bois, du crottin de cheval gelé. 20. Le cancer

Le hockey en quelques mots

But dans un filet désert – But marqué dans un filet non défendu, généralement pendant les dernières minutes du match quand l'équipe qui tire de l'arrière a retiré son gardien pour envoyer un homme de plus à l'offensive.

Changement au vol – Le fait d'envoyer de nouveaux joueurs sur la glace pendant que le match se poursuit.

Cinquième cible – L'espace libre entre les jambières du gardien.

Côté faible – Le côté de la zone offensive ou défensive où il y a le moins de joueurs.

Enclave – La zone située directement devant le but, entre la boîte du gardien et les cercles de mise au jeu.

Étoiles – Les meilleurs joueurs de la LNH, invités à participer au match des étoiles organisé chaque année.

Faire dévier – Modifier la trajectoire de la rondelle, volontairement ou non, après un tir ou une passe.

Juge de but – Deuxième arbitre, dans les matches des années 1910 et 1920; aujourd'hui, il y a deux arbitres présents pour tous les matches de la LNH.

Juge de ligne – Officiel en chandail rayé, qui surveille les dégagements refusés, les hors-jeu et certaines infractions, et qui effectue la plupart des mises au jeu.

Lucarne – La partie supérieure du but, sous la barre horizontale. Quand un joueur décoche la rondelle à cet endroit, ont dit qu'il a visé la lucarne.

Meneur de jeu – Joueur habile surtout à faire des passes et à préparer des occasions de marquer.

Mineure – Pénalité de deux minutes.

Négligé des parieurs – L'équipe qui a le moins de chances de gagner un match.

Passe et file – La manœuvre du joueur qui fait une passe à un coéquipier, qui profite d'une ouverture et qui reçoit la rondelle du joueur à qui il venait de la passer.

Quinella – Le fait de marquer les cinq types de buts suivants dans un même match: but à forces égales, but en supériorité numérique, but en infériorité numérique, but sur un tir de pénalité, et but dans un filet désert. Mario Lemieux, des Penguins de Pittsburgh, a réussi cet exploit la veille du jour de l'An 1988 contre les Devils du New Jersey.

Radiographie – Examen medical effectué par les médecins pour déterminer si un joueur blessé a un os fracturé.

Repli défensif – Le fait, pour un avant, de reculer profondément dans sa propre zone pour enlever la rondelle à un adversaire ou l'empêcher de marquer.

Retour – Le fait, pour la rondelle, de rebondir sur le gardien et de rester en jeu après un arrêt.

Temps de glace – Nombre de minutes qu'un joueur passe sur la patinoire pendant un match.

Tir sur réception – Lancer (habituellement un lancer frappé) pris immédiatement après avoir reçu une passe, sans immobiliser la rondelle et se mettre en position.

Tour du chapeau – Trois buts marqués par un joueur au cours d'un même match; en théorie, pour qu'il y ait un véritable tour du chapeau, il faut que ces trois buts se suivent sans qu'un autre joueur de la même équipe ou de l'équipe adverse ait marqué entre-temps.

Tuer le temps – Empêcher l'adversaire de marquer en avantage numérique.

Visière – Pièce de plastique transparent fixée à l'avant du casque pour protéger les yeux.

Yeremeyev – Le gardien Vitali Yeremeyev, du Kazakhstan, un des joueurs de la LNH dont le nom est le plus difficile à prononcer. (Essaie de le dire trois fois de suite le plus vite possible!)

Zèbre – Surnom donné aux arbitres et aux juges de ligne en raison de leur chandail à rayures noires et blanches.

Zone neutre – La zone entre les lignes bleues.

Autorisation pour la plupart des termes de *Total Hockey, The Official Encyclopedia of the National Hockey League*.